一出手
脫單又脫魯

從撩妹、見面到正式交往
必備六大武器╳五大管道

瑪那熊——著

你愛自己的樣子，
就是你最吸引人的樣子

——SKimmy 你的網路閨蜜

很少有任何一本戀愛攻略書，會讓我看到欲罷不能！但這本書做到了。

怎麼會呢？明明我自己也是一個戀愛類作家兼創作者，許多心法道理也都滾瓜爛熟，《一出手脫單又脫魯》到底特別在哪？我覺得，瑪那熊最屌的地方，就是幽默。

從書名的脈絡來看，其實，很多人會以為「脫單」跟「脫魯」是同一件事，「脫單」了就是「脫魯」了，但，真相並不是這樣的！

「脫單」充其量只是你成功走進了一段戀愛關係，而「脫魯」呢？「脫魯」代表著你拋開了「令人自信心低落、難受鬱悶的魯蛇狀態」。

你可以脫單而不脫魯，在愛情裡當個舔狗、妻奴，謹小慎微、擔驚受怕；當然，你也可以脫魯而不脫單，在這花花世界裡，自信自愛的自由翱翔。我知道，翻開這本書的你，最想要的還是脫單又脫魯，那麼，我可以告訴你——你選對書

了！

　　瑪那熊在他的上一本著作裡寫過：「愛情不是追求而是吸引。」

　　至理名言，但網路時代，至理名言總會讓人覺得帶著一點心靈雞湯的色彩。我們忍不住要接下去詢問：「那怎樣才能吸引？」「什麼才是吸引人的特質？」「一種米養百種人，每個人難道都會受到某種同質性特徵的吸引嗎？」

　　若是要問我，我的答案大概會長這樣：「你愛自己的樣子，就是你最吸引人的樣子。」

　　我們的資訊時代很有趣，當所有的媒介都在求新、求快、求變的時候，資訊的呈現方式也變得求聳動、求迅速，甚至是求一種虛假的「一桿進洞」。所以，我們看見了各種「三分鐘脫單術」「做『這件事』保證讓你超受歡迎！」「不敗脫魯三步驟」。

　　這樣的趨勢越演越烈，也有越來越多人眉頭一皺、發現案情並不單純，真相只有一個──那就是所有的愛情議題，最終都要回歸到自我心理成長的層面。

　　那麼，等待我們的就是一個鐵的事實：自我心理成長，從來都不是一件有辦法「一桿進洞」的事。

　　愛自己，作為自我心理成長的其中一個面向，也不是一件有辦法讀幾篇文章、看幾部影片、做幾次如坐針氈的冥想，

就突然發展出來的技能。

更讓人困擾的是，市面上諸多教導別人「打造個人魅力」的書籍文章，都嘗試把「人格特質」做出過分約略的簡化。就如同瑪那熊在書裡說的：「二元化／二分法，不但容易誤判、誤會，也對關係建立有負面影響。」

愛自己，首先就是要拋掉這種「非黑即白」「非好即壞」的習慣概念。

生命是只能堆一次的積木，所以，絕對不能每次發現一點問題、就一心想著推倒砍掉重練。當我們發現積木呈顯出讓人不滿意的樣貌時，可以這邊添一點、那邊調一點，慢慢來、有點耐心，把積木接下去堆成理想中的樣子。

當然，如果有「積木堆法攻略大全」，讓我們可以站在別的玩家不斷嘗試的經驗智慧上，不就更事半功倍了嗎？這本《一出手脫單又脫魯》就是一本溫柔、幽默又有用的攻略大全。

在這裡，你可以看見各種不同的積木堆法、各種堆法的分析與介紹，然後，你可以從中選擇自己喜歡的方式，來堆那疊專屬於你的積木。

（本文作者為YouTuber、作家）

從好人，變成好男人

—— 張忘形

　　也許你翻這本書之前，已經看過市面上非常多種的把妹書了吧。

　　但不知道你會不會跟我有一樣的困擾，就是很多的把妹書都需要你「大幅度」的改變，尤其這樣的改變可能是個性，更可能是你本來的基礎價值觀。

　　例如你本來是暖男風格，覺得很多事沒什麼大不了，但也許書中要你要有男子氣概、領袖風範，希望你可以勇於在團體中發言，並且領導大家做事情，讓女性看見你是領導者。

　　不知道你在嘗試了成為團體中有話語權的人，以及發號施令之後，你的感覺是什麼？會不會覺得非常不自在，甚至無比尷尬呢？

　　如果完全沒有，而且感覺非常好，甚至覺得這樣改變適合你，那我雖然身為推薦者，但覺得這本書你可以不要買，因為這不適合你。

　　我自己以前剛開始接觸很多國外的把妹書時，學習裡面的招式，我都完全做不出來，直到慢慢成長後，我才發現改變

是非常痛苦的。

　　這邊我要先說改變跟成長的差異。成長是你本來有60分，他幫你進步到90分；但改變是你本來很會寫英文，結果現在要改成考數學。所以改變和進步不同，是要你砍掉重練的。

　　我當時本來也想努力練成一個有男子氣概的人，但無奈那不太是我的本性，最終都導致了失敗。

　　但我最終還是交到了女友，甚至結婚。後來我才發現，很多人無法脫單，不是因為所謂的暖男交不到女朋友，而是很多人用錯方式，錯把嗯男當成暖男。

　　這個也不是要刺激大家，因為書中提到的送禮，就讓我想起在高中時被喜歡的人討厭，原因就只是因為我送了個情人節禮物，讓她被笑了半個學期，結果對方當然不但沒喜歡我，反而還超討厭我。

　　爆完自己料，接著來爆個作者的料。如果你看過以前的他，你一定會覺得他能夠變成現在這樣，不但交到女友，還跟才貌雙全的老婆結婚是件很神奇的事，但他就是做到了。

　　當然，脫單跟結婚沒什麼了不起的，很多人把妹也都能做到。再偷爆個料，就是他之前去參加一個講師比賽，拿到了非常好的成績，我個人認為老婆是非常大的決勝因素。不論是陪伴參賽，還是上台前的定心丸，還有下台後的支持，肯定都讓他的演說變得更加精采。

我想說的是，比起每天去領導女性，或是展開戀愛攻防戰，更重要的是找到能夠彼此相愛，而且支持自己的另一半。

　　而之所以說了這些，是因為我們的路線是比較相似的，都曾經覺得好人可能交不到女友，但後來發現其實只是需要一些不同的方式和作法。

　　但做到跟講給你聽是不一樣的，而他把所有需要的作法，都在這本書告訴你了。

　　從基礎的觀念、穿搭和造型的建議、情緒的控管、各種情境場合的應對、突發狀況的整理（例如對方爽約）、交友軟體的形象塑造，甚至到拒絕處理、情敵出現的應對都有提到。

　　而更重要的是，學這些不需要你大幅改變，就像成長後的他，並沒有變成玩咖。他還是好說話、好相處，但卻能拿捏和異性相處界線與方式的那個瑪那熊。

　　所以如果你也是個好人，對很多把妹書要你變成壞人而失望，那麼我想請你相信這本書。因為他不是要你改變，而是手把手的告訴你，如何從一個好人，成為一個大家都稱讚的好男人。

　　　　　　　　　　　　　　　　（本文作者為溝通表達培訓師）

誰說好人不能脫單？

你的學經歷不差，也有穩定工作，外型雖不及金城武，但好歹也是人模人樣，身高甚至優於平均值。

個性從小到大給人溫和、老實、內斂、穩重等印象，未必朋友成群，但本著良善心態，倒也沒樹立過敵人，與周遭的人即使不熟也還算相處融洽。

沒什麼重大缺點的你，卻在踏上情場時吃了虧。

你暗戀的那位愛笑的女同學，卻跟不愛念書、整天鬼混的屁孩交往；差不多時間進入公司的同事，在淡淡說出「現在不想交男友」後，被你撞見搭上了前輩（或小主管）的車。

你發現隨著年紀增長，收到的「好人卡」數量也跟著累積了不少：

「你人真的很好，但我現在還不想談感情。」
「我覺得你很不錯，但可能不太適合我。」
「謝謝你，但覺得我們當朋友比較好。」

你將這些好人卡，掛在心底角落的一面牆上，就當成情場的榮譽勳章吧，至少她們認為我人還不錯。

然而在即將成為大魔法師（超過30歲仍然單身）的時刻，你愈想愈不對：「欸不對啊，如果我人真的不錯，那為什麼還單身？」

更慘的是，超過30歲卻還母胎單身的你，隱約察覺到開始被異樣眼光看待。

上次朋友明明說要幫忙介紹對象，結果卻不了了之，你鼓起勇氣探問，對方面有難色地告訴你：「女方聽到你沒交過女友後，就突然說最近比較忙，等有空再說。」

網路鄉民對「牡丹（母胎單身的戲稱）」也不太友善，總說一定是這男生有問題、誰叫你太廢、爛基因就此打住也好，或者用「Beta」「舔狗」之類讓你黑人問號❶的字眼，硬是貼上標籤。

「乾，我又不是自願想母胎單身！」

「真的好想交女友啊！」

---

❶ 黑人問號是網路上流行的一張哏圖。像這樣多注意網路流行用語、用圖，偶爾聊天用上，可以讓對方知道你沒跟時代脫節。

在右手短暫給你溫暖、陪伴度過一個寒冷夜晚後，你在心裡吶喊著，表情比孟克畫的那位老兄還激動。

是的，你是好人。而且是個單身的好人，如同當年的我。

好人是這世界運轉的基石，彷彿齒輪與螺絲，幫助別人、提升所長、貢獻己力。而他們無心機、不害人、身段軟的特質，往往成為別人喜歡結交的對象，但僅限於同事或朋友。

當你透露出對某個女性的好感時（那怕是一丁點），卻得到已讀不回、刻意疏遠的結果；在你忍不住衝一發告白後，結局自然是另一張好人卡，get！

為什麼大家都喜歡好人，卻沒有女性想跟好人交往？

或者我們換個方式問，好人為何難脫單？

因為好人的眾多特質，在一般人際或職場上是優勢，放在情場中卻是劣勢。其中，最主要有兩個原因：

一、不重生活經營，導致缺乏話題、被認為太無趣

好人是非常認真負責的一群人，台灣眾多產業都靠好人們打下基礎、維持運作，例如護國神山台積電為首的科技業。

然而，每個人的時間精力畢竟有限，好人們從學生時期就致力於念書、考試，進入職場後也得精進專業、努力工作，萬惡責任制或輪班累個半死，自然兩點一線回家休息。

好不容易盼到週末，也就直接在家補眠、玩個手遊或追新番，頂多看幾個YouTube廢片，一天也就這麼過了。

擔任心理師與約會教練十年下來，我可以明確告訴各位，**沒有經營生活是好人難脫單的原因之首**。這部分將在第一章有更詳細的說明。

二、不諳情場規則，用錯策略、做白工甚至被利用

> 「只要對她好，就能感動對方。」
> 「只要對方感動，就會願意給我機會。」
> 「只要願意給我機會，就會喜歡上我，答應交往。」

以上是多數好人根深柢固的內在信念。

好人們理想的情場規則就是如此單純：**不斷為女性付出，就可以換到女朋友**，但很可惜，這完全是錯誤的方向。

我在上本書《一開口撩人又聊心》有提到，**愛情不是追求而是吸引，脫單並非靠討好而需展現優勢**，讓對方自己想靠近你。

你的犧牲奉獻、跪舔盲從在對方眼中，是一種極度缺乏自

信、唯唯諾諾（又自以為深情）的表現。而絕大多數女性，喜歡的是有自信、有主見的男性（注意，這跟自我中心或自大狂不同，第一章有詳細說明）。

因此你幫對方做愈多事情、給予愈多的關心，在她心中的價值與魅力就愈低。當女性表現出對你沒興趣、不想更進一步時，好人們會嘗試用更多的討好來力挽狂瀾，陷入惡性循環。

結局相信大家都能猜到，要嘛被封鎖，要嘛被當盤子用好用滿，真的可～憐～吶。

對女性「好」能幫助感情加溫，但這是在對方已經對你有好感之後；即使如此，你的付出也不能失去界線、一味討好（我們通常稱這種人舔狗、妻奴），更何況你在好感未出現前，就毫無節制地當工具人，只會讓自己離脫單更遠！

本書融合心理學、眾多實戰例子，以及我協助數百位男性邁向脫單的經驗，將詳細揭露脫單的完整策略，包括你需要哪些武器、優勢與能力，掌握各種認識女性的管道與經營技巧，以及如何成功邀約、規畫一場完美約會，並且製造大量好感甚至讓對方心動。

最後，我也統計了近千位單身者最常卡關的困擾，並進行分析與解答。

你不需要花幾萬元買貴翻天的把妹課（請把錢留著購買其

他資源），更不用擔心學到直接copy國外，但不適用台灣女性，或過於偏激，看似解藥實則毒藥的把妹技巧。

我將傳授給你的，是在地化、經過實證、人人可操作的內容。更重要的是，你不需做出與本性落差太大的改變，更不用逼自己戴著面具，在心儀的對象面前硬撐。

好人不能脫單？在這本書以及我的協助下，你將親自推翻這句話！

目錄 CONTENTS

脫單第一課：
脫單必備！你需要的六大武器

好人逆轉勝，一定要成為強者Alpha男？……023

一、二元化標籤

二、僵化模版

平衡是最佳策略：讓自己擁有兩種特質

男性真的愈老愈吃香？

硬實力之一：工作／社會地位／收入／資產……033

如何建立：兩條路線，任君選擇

如何展現：自然提及，取代刻意強調

硬實力之二：外在形象……039

善用月暈效應，脫單更加容易

一、身材：不只美觀，更是健康

二、膚況：與顏值息息相關

三、髮型：你的第二張臉

四、穿著：穿對衣服，有助脫單

脫單第二課：
如何擴大對象圈，
找尋適合你的妹子？

脫單第一課：
脫單必備！
你需要的六大武器

好人逆轉勝，
一定要成為強者
Alpha男？

看完〈前言〉關於好人被打槍的描述，你可能會說：「看來好人真的太慘了，我不要當好人啦！」

事實上，近幾年在把妹圈，或者用專業點的講法：愛情教育產業，Alpha與Beta的理論蔚為主流。

不少文章、影片與講師大力鼓吹男性要成為Alpha，不但可以吸引女人、讓她們因為「慕強天性」而主動靠近你，在職場、生活與人際上也能無往不利。

簡言之就是選擇Alpha，成為Leader，甚至有人認為「這才叫男性」「男子漢當如是」。

同時，處於相對角色的Beta則被打成落水狗：弱者、跪舔、拙男、阿宅、魯蛇、騎士團、工具人，當然也包括我們常說的好人。

網路鄉民、把妹大師大聲疾呼：「男性絕對不能當Beta」「成為Beta，母單終身」「Beta即使脫單，遲早被NTR（戴綠

帽）」。

　　但真的如此嗎？其實把妹圈對於Alpha、Beta的觀點，有兩個大問題：

一、二元化標籤

　　只要多留意，就能發現「二元化」是許多網路文章或講師愛用的策略。

　　人們對於分類有著莫名的喜好，除了能簡單辨識別人外，還可以快速將自己歸入某個群體。

　　例如「左腦型 vs. 右腦型」「貓派男友 vs. 狗派男友」「左派 vs. 右派」，或是近兩年很熱門的「紅藥丸 vs. 藍藥丸（本書最後會提到）」。

　　將人分為「Alpha vs. Beta」其實是很危險的，因為人的個性、特質與心理變化極微複雜，怎麼可能只有兩種？隨意將人貼上標籤，然後認定「他一定是怎樣的人」，不但容易誤判、誤會，也對關係建立有負面影響。

☕ 正確解法

　　Alpha與Beta不是二擇一，而要用「程度」的思維來看待。

　　我喜歡用「濃淡」來解釋，如同手搖飲料有全糖、七分

常見的Alpha刻板印象：

外向活潑、陽光熱情、果決剛毅、主動積極、喜歡挑戰、不甘於現狀、行動力強、能言善道、獨立有主見、充滿活力與能量、明顯的肢體語言與聲音。

更核心的關鍵字，是「主導」與「控制」。

常見的Beta刻板印象：

內向安靜、沉默寡言、猶豫不決、被動消極、不愛變動、安於現狀、行動力弱、表達力差、依賴缺乏主見、肢體語言或聲音較小、行事低調。

更核心的關鍵字，是「順從」與「跟隨」。

糖、半糖、三分糖、一分糖或無糖，每個人身上都會有Alpha
與Beta兩個元素，只是各自的濃度不同。

與其說某人是Alpha還是Beta，更合適的說法是「他的
Alpha濃度多高（或多低）」「他的Beta濃度多高（或多
低）」。

二、僵化模版

如前所述，把妹圈的主流聲音是高捧Alpha，貶低（或瞧不
起）Beta，用這套標準來評估眼前的人是不是高價值的眞男
性，並直接當成男性無法脫單（或被分手、劈腿）的主因。

這就像設定了一個僵化、固定的模版，告訴你唯有成爲這
樣的男性（Alpha），才是人生贏家，眾多妹子會自己迎上
來、主動靠近你。然而，如此觀念實在太狹隘，也不符合眞
實世界的樣貌。

當社會已進入後現代主義、邁向多元發展的階段，若把妹
圈仍然有這種老派的觀念，實在很不可思議。

☕ 正確解法

在心理學人格理論中，我們會將某個特質視爲一體兩面，
當它正向或負面的程度不同時，也會展現出迥異的樣貌。

例如Alpha的核心特質「主導」，正向發展會是果決、有主見、開創性、具管理能力等，但若朝負向發展則會出現自我中心、自大、缺乏同理、急於表現等樣貌。

又例如Beta的核心特質「順從」，雖然常帶著沒主見、軟弱、消極被動的刻板印象，但若往正向發展則是同理心、善於照顧、關心他人、有利合作的狀況。

搭配上一點提到的「濃度」觀點，就是指一個人的Alpha值高到極端，又沒有相對應的Beta值輔助時，很容易成為自以為是、唯利是圖、不近人情的人。

反過來看，若他的Beta值高到極端，且Alpha值極低時，則是唯唯諾諾、跪舔討好、猶豫不決。

簡單來說，Alpha與Beta不是哪個好、哪個爛的問題，亦不是「成為Alpha才能脫單，當個Beta頂多是馬子狗」這麼簡單的公式。

國外有些研究發現，Alpha男未必總受女性的歡迎：喜歡主導或控制的男性在惡劣環境的確受重視；但在多數的社會情境、人際關係中，身段柔軟與具備社交技巧的人更加吃香。

平衡是最佳策略：
讓自己擁有兩種特質

「瑪那熊，照你這麼說，Alpha也未必是最佳解，那到底該怎麼做？」

既然Alpha與Beta特質並非只能二選一，那最好的策略當然就是**同時擁有兩種特質**。

是的，小孩子才做選擇，身為大人的我們全都要！

事實上，**這兩個特質（或者說角色）並非互斥，你可以是個有主見、積極的人，但同時又謹慎且善於傾聽。**

在人際關係與社交情境最受歡迎的人，必然瞭解Alpha、Beta屬於相輔相成的關係。而深知此道理的男性，在愛情吸引、關係經營（尤其是長期關係）甚至職場中更能成功。

比起「Alpha與Beta哪個好」，**更重要的「何時該用哪一個特質」**。當你的約會對象因為天氣熱有些中暑時，運用Alpha特質我們會直接讓她就近坐下休息，並給她瓶運動飲料（較直接的主導）。

這時若用太多Beta，一直問對方要不要休息？想喝些什麼？有習慣的運動飲料品牌嗎？包準對方翻白眼，再也不想跟你出門。

反過來，若對方休息後身體逐漸恢復，這時就以Beta的溫和、關心特質為主，Alpha的主導為輔，例如先詢問狀況後，親切說聲：「嘿，下次覺得不舒服，就直接告訴我。」

　　但若用太多Alpha，變得像在控制對方的作息或行為（例如跟我去運動增加體能，或要求她繼續休息、取消之後行程），很高機率讓對方感到煩躁、有壓力。

　　我在《一開口撩人又聊心》裡，針對〈對方抱怨或訴苦時，如何回應〉就提過「先拍拍，後講理」的技巧，這其實也是Alpha與Beta兩特質的相互運用。

　　先傾聽、同理、安慰、鼓勵（Beta），等對方穩定後再分享看法、給予建議（Alpha）。

　　另外，若各位今天剛認識一位女性（或是你剛進入一個團體），正向的Beta特質（同理心、善於照顧、關心他人、願意合作等）容易營造自在輕鬆的氛圍，且讓別人對你產生親切、友善、好相處的印象。

　　但記得，這絕對不是要去犧牲奉獻、討好跪舔，你仍然要發揮正向Alpha特質：有個人界線、積極主動、展現自信，但你也不需要捨棄「好人」的角色（其實也就是Beta為主的特質）。

　　同時培養這兩種特質，並學習交互並用。在這個過程中，也請務必謹記兩點：

☺ 提醒一：

在任何關係，包括與女性的互動中，別急著當Leader，讓對方先樂於與你互動，才是更重要的事。

否則在對方眼中，你不是那個讓她臉紅心跳的霸氣總裁，而是令她大翻白眼，心想WTF（搞什麼鬼！）的自大狂。

☺ 提醒二：

正向的Alpha特質並非主導或控制別人，而是能主導或控制自己（知道自己在做什麼、情緒穩定不衝動、不爲了得到好處而討好對方）。

如果你抱著「男人永遠該主導一切，女人只需順從跟隨」的心態踏入情場，我可以預見你的處境會比過去當好人慘上百倍！

然而擁有什麼條件才能吸引到女性？女性到底想要怎樣的對象？

若你問十個路人或網友，沒有九種也有八種答案；若是問約會教練、PUA❶，也會因各家流派不同，而有眾多觀點。

我很幸運因爲心理師這份工作，十年來接觸了非常多單身者及情侶，豐厚的經驗讓我得以給出完整答案，讓你確切瞭解想要高效率脫單，到底需要具備哪些武器。

這些分析並非單純的網路意見調查，乃是累積了大量的眞

實面談，深入單身者與情侶的內心想法而來。

　　想瞭解到底怎樣的男性容易吸引女性？你不需要一一去詢問，現在我將帶你一窺眞相。

男性眞的愈老愈吃香？

　　在正式傳授你脫單武器前，容我先聊聊這個議題，因爲這是許多男性的盲點。

　　不少人在被打槍時總安慰自己：「哼，沒關係，男性愈老愈吃香，以後妳一定會後悔。」

　　前幾年網路曾統計了李奧納多‧狄卡皮歐（對，演《鐵達尼號》《華爾街之狼》那位，曾經被國內某主播唸成李奧納多皮卡丘的那位）從年輕到現在，曾交往過的女友年齡。

　　不管李奧納多30歲，還是已經40好幾，他都能把到20多歲的年輕嫩妹，而且還是身材火辣的模特，這讓一些單身者講話大聲起來：「看吧，男人就是愈老愈吃香，又不像女人會『掉價』，現在打槍我沒關係，未來換她們後悔！」

　　會講這種話，正是代表犯了心理學上的認知謬誤：「**錯把**

---

❶ PUA～Pick-Up Artist，台灣多翻譯為「把妹達人」，致力於研究各種社交話術、脫單技巧、搭訕方法，並在生活中努力實踐、獲取愛情關係。

特例當通則」。

　李奧納多能持續撩到年輕妹子，不是因為他變老，而是因為他是李奧納多，有著藝人身分這個超大的buff。

　事實上對絕大多數男生來說，**只有年齡增加根本不會讓你在情場更有優勢**。愈老愈吃香這原則要成立，必須是你除了變老，**其他資源與優勢也隨之增加才行**。

　20歲的魯蛇跟40歲的魯蛇，你覺得女性寧可選誰？當然是前者，至少人家還是小鮮肉，具有可能改變的潛力。

　別再相信「男人愈老愈吃香」，然後抱著我就爛的態度過日子。未來30歲、40歲的你是否值錢，要看你現在做了哪些努力！

　換句話說，當你逐漸脫離學生身分、踏入社會，甚至即將進入而立與不惑之年，若想吸引女性並順利脫單，你需具備六種武器。

　六大武器中，兩種為硬實力，四種為軟實力，都與你能否順利脫單息息相關。

　究竟是哪六種武器？讓我們繼續看下去。

硬實力之一：
工作／社會地位／
收入／資產

功能

1. 擁有更多提升魅力與脫單的資源。
2. 換取個人時間、生活經驗、聊天話題及其他優勢。
3. 給予對方基本的信任與安全感，有機會創造更多好感。

這是最現實的點，剛出社會24歲領24k，大家不但會體諒你，還會安慰你一句：「沒辦法，現在大環境不好，先當作學習」「第一份工作薪水不是最重要，未來發展性才是關鍵」。

但如果你已經34甚至44歲仍領24K、25K，以社會普遍期待來看，實在有點尷尬……

不管男女，將年齡增加與收入成長畫上等號，是我們根深柢固的觀念。

你當然不用30歲存款幾千萬、40歲就退休，但至少你的資

產或職位能隨著年齡正成長，才有機會愈老愈吃香。

看到這邊你可能會困惑，難道女性都這麼現實、這麼物欲嗎？

其實，經濟能力與脫單的關係，絕非單純能提供對方更好的物質條件這麼簡單（雖然這點也很重要），還包括給予基礎安全感。

從馬斯洛（Maslow）的需求層次論來看，**人類只有在最底層的生理與安全需求被滿足後，才會向上接續追尋隸屬與愛的需求**；另外，經濟狀況也往往與專業能力、聰明才智、生涯與個人規畫，甚至與自制力、毅力、勇氣等掛勾。

也就是說，當女性看到你的收入或職位等硬實力時，其實也在看背後的眾多軟實力。

如何建立：
兩條路線，任君選擇

要讓經濟能力隨著年齡等比增加，如何規畫生涯是最為重要的事。

對並非含著金湯匙出生、沒有家產或家族企業當靠山的一般人來說，大致有兩條線可發展：

一、冒險型：斜槓、創業、非典型工作

目前社會與科技發展太快，「能賺錢」的管道日新月異，這也造成近幾年「斜槓」或「微創業」大為盛行。

我本身就是個斜槓心理師，與固定在學校或醫院的傳統心理師略有不同，除了接諮商、諮詢外，也長期至各單位或企業演講，甚至自己開講座；亦透過社群網站、直播等管道經營個人品牌，當然還寫書、上節目，並進行跨領域合作。

如果你不喜歡被綁在同一個地方，或不想領固定的薪水，期待有更多彈性來規畫時間、生活，這條路非常適合你。簡單來說，你需要經過四個步驟：

步驟一：從個人喜好，或流行趨勢中建立興趣（找出你想做的事，複數更好）。

步驟二：從興趣與手邊資源開始，發展第二、第三專長。

步驟三：從你的專長中找尋商業模式，進行知識變現（白話：靠專長賺錢）。

步驟四：穩固並隨時修正商業模式，同時發展更多興趣與專長。

微創業是很棒的事情，比起過往需要一筆資金開店、進

貨、聘僱，拜科技發展所賜，你有很多低成本方式可選擇。例如線上課程、訂閱頻道、租借場地進行小型工作坊、成為YouTuber或經營二○二○年爆紅的Podcast等。

不過，除非你很早就對生涯有完整規畫，或背後有金主支援，否則以一般上班族或學生來說，找到興趣與發展專長才是首要目標。說得白話一點，就是你要先有東西才有可能變換成現金。

你不需立刻就梭哈，猛然辭了工作、不留退路去創業，不如先有個基本收入，同時運用下班後、放假的時間學習進修，擴展個人多元專長，逐漸發展出屬於你的斜槓技能與商業模式後賺外快。當業外收入提高到某個水準後，再考慮是否辭去工作或轉換跑道。

此外，市面上有非常多投資、創業講座或線上課程，也能提升你更多想法，但容我提醒各位要慎選，勿急勿貪是最高準則！

二、穩健型：固定工作，逐步攀升

不是每個人都想要，或適合走冒險型路線。

我接觸過不少人，希望在職涯穩穩走就好。這絕非沒有上進心或耍廢，而是用謹慎保守的心態求安定，並無不好。

事實上，這兩條路線本來就沒有好壞對錯之分，純看個人

選擇。

或許有些把妹教練推崇冒險型路線，認爲這樣才有更多的金錢與時間，來提升個人魅力或撩妹。

然而除去極端狀況（例如一個月只休四天，每天工作十二小時以上），穩健型路線的多數工作，仍會讓你有能力做到冒險型路線能做的事——前提是你在固定工作中，會思考並爭取往上爬。

你仍然得如同那些創業者，重視專業能力、職場溝通、解決任務，在組織中把握晉升機會，以換取更高的職位、收入與影響力，你才不會單純只有年齡增加，而無相對應的經濟實力。

每天混時間的薪水小倫❶，雖然當下眞的滿愜意的，但其實你正在賠掉自己的未來、浪費眼前的機會！你偷的不是老闆的薪水，而是你自己的發展可能啊！

---

❶ 薪水小倫：指上班混水摸魚、坐領乾薪或不勞而獲的人，原文是「薪水小偷」，但許多網友刻意講成「小倫」，成為一個專有名詞。

如何展現：
自然提及，取代刻意強調

當你累積了不錯的財力、資產後，絕對不要直白講自己年收多少、繳稅的級距之類，這實在太low了。

視覺對於人類形塑第一印象的效果顯著，運用身上的服裝、配件來「默默展示」個人的經濟狀況與品味，是你可以用的技巧。

另一個自然展現經濟優勢的，就是聊天中分享自己的生活，不用刻意強調吃一餐多少錢，而是偶爾分享美食或旅遊。

至於在FB、IG曬名牌精品、「不小心」讓車子logo入鏡、各種五星級餐廳打卡，雖然曾看過有把妹教練喜歡教男生這樣操作，但事實上這些裝逼招數偶一為之還能發揮效果，整天狂發只會降低自己格調，讓同性異性看了都偷翻白眼，不可不慎！

硬實力之二：
外在形象

> **功能**
> 1.通過女性的第一關篩選門檻，取得互動（或約會）門票。
> 2.更容易獲得對方的信任，並透過月暈效應增加好感。
> 3.同步提升個人品味、美感與自信。

「我只想認識看我內涵的人！」

「會因為外在打槍我的妹子，我也不屑啦！」

「外在？笑死，有夠膚淺！」

不少男性聽到「外在形象對脫單很重要」時，會做出如此反擊。

但身為兼職網路觀察家（誤），我發現愈來愈多男性看清一件事：**女性真的會在意男性的外在。**但這些接觸真相的男性卻難以接受這件事，所以用猛烈砲火來抨擊「外在很重要」觀點，甚至將用外在形象來篩選的女性，貼上「膚淺」的標籤。

尷尬的是，通常在聯誼或聚會中滿腦子想跟正妹搭上話，或整天在網路看正妹照片的，也是同一群人……

　　「誒，瑪那熊，我現在超不爽的啦！」聲音的主人是一位活潑外向的女性朋友Judy，雖然常跟男生像個哥兒們，但脾氣也算滿好，能讓她氣到直接打電話過來，看來事情不單純。

　　「呃，聽得出來妳真的滿火。」一不小心職業病發作，先給個同理。

　　「是超級火啊！」

　　「怎麼了？」

　　「我剛才參加聯誼，遇到一個瞎爆的男生啦。」

　　「來來來，讓哥評分一下有多瞎。」這下可勾起我的好奇了，接著詢問。

　　「大家在聊各自的理想型時，這男的直接說女性一定要正要瘦，160的身高，體重超過45就NG了，他認為完全不行。」

　　「160、45？他該不會是用ACG的女主角設定當標準吧？還是誤信了藝人公開的身高體重？」我在驚訝之餘，講話也直接了起來。

　　「是不是！老娘有在運動的都50出頭了，不到45是什麼

鬼？」

　的確，若詢問專業營養師，他們通常會建議BMI在18.5至24之間，以160公分高來看，標準體重落在56公斤上下，45已經過瘦了。

　「那他本身該不會跟金城武一樣帥吧？」我問。

　「就這個讓我最生氣啊！」Judy的聲音再次拉高，「他自己胖也就算了，臉整個泛油，然後穿又皺又太大件的T恤，髮型也超亂沒精神啊。」

　「呃，他知道自己是去參加聯誼的嗎？」我本來想大聲斥責的，但心想，這老兄該不會是當天臨時被朋友拖去吧。

　「他說這一年去過很多場聯誼，還玩交友app，但都沒結果。還跟我們抱怨台灣女性眼光很高，我當下超想掐著他讓他閉嘴！」

　Judy的怒火其實不意外，要求別人外貌，卻不重視自己外型，實在是非常「母湯」的行為。

女生一定要正要瘦，
160的身高，
體重超過45就NG了

這男的也太瞎了⋯⋯

當你嘴別人外貌時，別人也同樣在觀察你。

善用月暈效應，脫單更加容易

為什麼各位的外在形象跟脫單有關？心理學所謂「月暈效應（Halo Effect）」，指的是我們對別人的認知判斷，習慣從部分擴散到全部，也就是從一小撮線索過度推論、放大到整體印象。

當你觀察到對方有某個優點，會給予高於實際表現的正向評價。例如網路鄉民常覺得正妹一定心地善良、衛生習慣好、全身香噴噴（從顏值過度推論到其他特質）。

同樣道理，但當你看見對方的某個負向線索時，則會給他劣於實際的負面評價，例如看到穿著皺巴巴衣服的人，會猜測他的家裡也很凌亂、不注重衛生。

既然人們愛腦補，外在形象就能產生效果，幫你通過女性的初步篩選（預賽的概念）。

國際知名的溝通權威萊拉・朗德絲在其著名系列作《跟任何人都可以聊得來》的愛情篇中，曾提到：「你第一眼看到對方，對方第一眼看到你，都是決勝的關鍵，雙方會做出『衝還是不衝』的判斷。」

究其原因，**不論你再有內涵，在第一次見面都是空談，你能讓對方看到的，就只有外表而已。**

外型對脫單有幫助嗎？雪城大學的研究讓女性從一疊男生

照片中，挑出願意結婚、交往或一夜情的對象，結果顯示照片裡的男生穿得愈講究或得體，在這些問題的得分（意願）就愈高。也就是說，不管你想找長期或短期關係，外在形象都很重要。

那我們是否將全部資源，重壓在提升外型就能輕鬆脫單？

在東康乃狄克州立大學的研究中，發給女同學以及她們母親一疊男生照片，但與上述實驗不同在於，這些照片下方標注該男的特質個性。

結果發現，這些女性挑男友，或媽媽選女婿，都會先用外型作為第一關的篩選，接著以自己最欣賞的個性內涵，選出優勝者。

這實驗告訴我們，你要能吸引女性（或讓丈母娘點頭），內在仍然是決勝關鍵，但是如果外型太慘烈、過不了對方門檻，那很抱歉，她們根本沒興趣瞭解你的內涵。

不管你內涵多豐富，若外型無法滿足女性心裡的低標，被打槍機率還是很高。

很多鄉民又會說：「臉最重要啦！帥哥怎麼穿都好看！」

遺憾的是，顏值像金城武這麼高的男生，畢竟是少數中的少數，菁英中的菁英。

「瑪那熊，所以你嗆我是醜男囉？」

「不是，我是說在場的各位，都是⋯⋯有潛力的男性。」

如果你的臉孔很普通，反而能享受逆轉勝的快感。

在你想放棄治療、砍掉重練前，先來看看雪城大學另一個實驗：研究者發現，雖然男性重視女性的顏值高於穿著，但女性對男性的外型評分標準，顏值並非是壓倒性的決定因素。

相反地，**女性較重視男性的整體形象**，例如髮型、膚況、穿著、身材。而這點，對多數長相普通的男性來說，彷彿漆黑隧道中的一絲光芒，有了突破、逆轉的機會。

就算你顏值中等甚至中下，卻可提升其他向度，來拉高整體平均分數。只要最後呈現出來的形象乾淨整齊、兼具品味與質感，那便有非常高的機率得到「順眼好寶寶」貼紙。

當對方認爲你看起來順眼，那麼恭喜你，你接下來就是靠內涵決勝了。而對男性來說，外在形象由四大天王組成：

一、身材：不只美觀，更是健康

男性的身材可分爲兩個層次，初階指的是**體型或體態**，一般會用BMI值來評估適中，還是過胖、過瘦。計算方式非常簡單：體重（公斤）除以身高（公尺）的平方。

國民健康署建議成人BMI應落在18.5到24之間，太瘦、過重或太胖皆有礙健康。以多數女性的眼光來看，中等體型接受度也最高。

一方面是因爲這樣的體型，通常穿衣服比較好看，而容易讓對方覺得「順眼」；另一方面，中等體型易給人健康、作息規律、自制力夠等正面印象。通常BMI值適中時，臉型也不至於過圓或凹陷，較符合多數人的美感標準。

身材的進階層次，就是體脂率的高低，也就是你體內的脂肪比例。脂肪少、肌肉多，體態往往更加勻稱，若刻意透過重訓鍛鍊肌肉，還能讓身體線條更明顯，因此其實光看BMI

不夠精準，加進體脂率後能讓評估更全面。

近幾年健身風氣盛行，加上網紅的推波助瀾，引發崇拜與學習效應（最佳例子就是館長）。

同時，不少把妹教練也大力鼓勵男性運動，甚至提出「肌肉有助脫單」的觀點，讓健身成為單身者的必修課。

練肌肉對脫單是否真有助益？當然有！上面提到低體脂、肌肉多本來就會讓體態更好看，運動對你在穿搭、健康、氣色、臉型都有幫助。**但若你抱著「愈多肌肉，愈容易吸引女性」的心態瘋狂重訓，恐怕會非常失望。**

很多PUA喜歡從生物本能來看女性的擇偶策略，提出「自古愈強壯的男人，愈受女人青睞，因為通常他可以狩獵最多獵物、確保物資充足，且往往成為部落領袖。」

這些都很有道理——如果你是在遠古時代把妹的話。

在現今的戀愛市場，有肌肉能幫你增加男性魅力，但超過一般人的鍛鍊量，脫單效果並不會等量提升。

與其單壓練肌肉，不如將資源平均分配給其他項目，包括以下所述的外型要素，以及本章其他吸引武器。

記住，除非你穿越到幾千年前，人類還在狩獵或傳統部落的時代，否則若聽到有人高談闊論「因為生物天性／本能／基因／古時候，所以男性應該……」這類忽略社會變遷及文化影響的論點時，建議就當作奇聞軼事，聽過就算了吧！

二、膚況：與顏值息息相關

滿臉痘痘、油光，不乾淨的鬍渣，或氣色暗沉等，都會連帶影響女性對你的第一印象。改變五官比較「搞剛」，但好的膚質能讓你看起來更有精神，當然也容易「順眼」。

‧清潔基本功不可少

不會有女性喜歡滿臉油光，甚至散發異味的男人。台灣密集交通工具與工業排放出來的空汙、灰塵，加上濕熱氣候，汗水混合髒汙停留在臉上，易讓對方直接出現生理上的不舒服，而與你保持距離！

千萬不要懶到只用清水潑一下，就自認為洗過臉了。務必配合洗面乳，且善用手指輕柔按摩臉部、仔細清潔肌膚再沖掉。各位夥伴，每天早晚多花個一分鐘洗臉，讓皮膚乾淨清爽，自己也會心情舒暢！

‧保養一點也不娘

除了藝人與造型師外，一般男性通常不會化妝（包括我）。少了這個強力的遮瑕武器，你臉部皮膚呈現出來的狀態，就格外重要。畢竟照片還能修圖，見面就只能直球對決啦，總不可能每次約會都戴口罩或墨鏡吧？

如果你的皮膚紅腫、一堆痘痘、毛孔超級大、整臉坑坑疤疤、暗沉看起來髒髒的，自然也容易讓對方腦補你衛生不佳、作息不正常，更別說視覺上很可能就直接被淘汰。

　　要維持好的膚質，清潔之後就是保養。很多男性一聽到保養就急著跑開，覺得做這種事很娘。

　　事實上，還真不少台灣男性喜歡用「娘」來當藉口：

　　「重視穿搭？好娘喔。」
　　「保養皮膚？好娘喔。」
　　「粉紅色口罩？好娘喔。」

　　說句玩笑話，如果所謂的不娘、很man是穿得自以為隨性，但其實邋遢、油光滿面加上汗味四溢，那咱們還是娘一點好了。而且，你知道貝克漢、金城武都代言過男性保養品嗎？

　　或許你沒試過，但其實不排斥保養，裹足不前乃因怕太麻煩，別擔心，保養說穿了就是提供肌膚水分與營養，讓你的膚質跟氣色更好，而且基礎保養每天不會花超過三分鐘，因此建議各位盡早開始養成習慣吧！

　　用洗面乳清潔後，你的臉會陷入缺乏水分的窘境，這時毛孔會自動分泌油脂來平衡。所以，透過保養補充並留住水

分，也能避免臉看起來太油。

保濕水（補水）→精華液（提供營養）→乳液（留住水
分）。

就這麼簡單。前導液、眼霜、面膜什麼的你懶得用沒關
係，這三步驟就已經有良好功效了，同時大概就能贏過台灣
一半的男性了！

三、髮型：你的第二張臉

我在聯誼會場見過一些男生，穿著不錯的衣服與配件，臉
也保持乾淨清爽，卻留著一頭雜亂、沒精神的頭髮，完全浪
費了他的精心打扮！

髮型的重要，容我用自己當例子：下頁左上是完全沒整理
的髮型，與服裝實在不搭嘎；右上則是使用髮蠟梳成油頭造
型。

又例如下面這張：不同髮型，給人的感覺就會有所不同。

髮型的重要性之一

完全沒整理的髮型，
與服裝實在不搭嘎。

造型產品是你的
好朋友。

髮型的重要性之二

不同髮型，給人的
感覺就會有所不同。

如果你總是找百元理髮、家庭理髮，建議找間髮廊，請設計師剪一次吧！但記得先溝通自己想要的造型，或請設計師依照你的臉型推薦。剪髮當天穿你約會的戰袍前往，會讓設計師更好構思。

有些人會抱怨，只有剪完那一天最帥，洗完澡隔天就宅回去了。這是因為你沒有請設計師教你如何整理、抓髮。有無使用造型產品，會有截然不同的效果。

最後，頭髮清潔同樣重要，油亮或有異味的頭髮會讓女性根本不想靠近你！

四、穿著：穿對衣服，有助脫單

論重要性與逆轉勝機率，穿著居四天王之首，即使身材不是完美，仍可靠穿著隱惡揚善。

我擔任約會教練這幾年來，也透過講座、工作坊，甚至上街實戰購衣課程，改造過破百位的男生，幫他們提升外在形象，並學會如何買、怎麼穿。也因此我對於穿著在脫單上的重要性，有非常深的感觸。

台灣因為天氣悶熱，加上長久以來實用主義興盛，不重視美學教育（看那些功能超強，但外型乏善可陳的小家電，就是最好的代表），導致多數男生不在乎自己的穿著，出門標

配常是過於寬大或領口已經洗鬆的T恤、褲腳充滿皺褶的牛仔褲或光滑輕薄運動褲、充滿透氣材質的慢跑鞋。

雖說願意走出家門已經很棒（代表你不宅），但若今天要跟女性見面甚至約會，這種穿著完全是個悲劇。

合宜的服裝，可以襯托或加強你的身材、氣質，幫助你被蓋上「順眼」印章，獲得更多互動機會；更何況，學會抓對比例、選對顏色、購入有質感的衣服，或是習得穿搭相關的知識（材質辨識、洗滌方法、整理衣物技巧）等，這些看似提升外在，實則也同樣增進你的內涵。

「但，冠希隨便穿也比阿伯帥啊！」（請自行搜尋冠希阿伯照片）

「誒，賈伯斯還不是每次都穿高領毛衣而已。」

「金城武就算穿件白襯衫也很帥啊！」

不重穿著的男性常講這些話，乍聽好像還真有道理，但你就不是冠希、賈伯斯，也不是金城武啊（各縣市自稱的金城武不算❶），而且你知道賈伯斯那些具質感的毛衣，絕對不是來自路邊攤，而是名牌精品嗎？

金城武在不少廣告的確都只穿白色襯衫，但他可不是隨便穿。某茶類廣告中的白襯衫，除了合身外，下擺長度、捲袖

子等細節，都增添許多魅力；同樣是白襯衫，很多男生會穿太寬的短袖襯衫，然後下擺過長顯得腿短。

早期的手錶廣告，金城武更是展現了完美的紮襯衫造型，簡潔俐落、線條好看；同樣是紮襯衫，反觀很多男生腰部會有一坨布料，線條歪曲顯得老氣。

別再幻想穿著不重要啦！究竟約會、聯誼、與女性見面時，要怎麼穿能製造良好印象？

☕ 上衣：襯衫優先，POLO衫次之

襯衫是日常中最能修飾身材，並營造男性成熟感的衣服，沒有之一。

「我不同意這種說法，你把我大西裝當塑膠膩？」

別誤會，我個人非常喜愛西裝（更精確說是紳士裝），但各位真的不需要在初次約會穿到西裝，這樣反而讓對方覺得拘謹、氣氛容易太嚴肅。

---

❶ 各地金城武：網路上流行用語，不少網友喜歡稱自己是金城武並冠上地名，例如「板橋金城武在此」「大溪金城武報到」，也有「億載金城武」這種搞笑的名稱。或像我一樣厚臉皮，自稱諮商界金城武（誤），你也可以用「理工科金城武」「會計圈金城武」或「竹科金城武」。

· 襯衫挑選與穿搭要點：

除非你刻意走度假風，否則99%的情況下
長袖襯衫會比短袖襯衫好看許多。

怕熱？捲起袖子吧！這時袖子貼合著你的
手臂，會比短襯衫那寬鬆袖口俐落許多；更別說長襯衫的成
熟紳士感，是短襯衫望塵莫及的。

另外，長袖襯衫的附帶技能就是**紮進褲子**，簡單的步驟能
大幅提升成熟氛圍，瞬間從男孩成為男人。

紮襯衫務必對著鏡子整理，**盡可能讓腰部呈現水平線，而
非U型曲線。**前者是型男，後者是阿伯，給人的視覺感受可說
天差地遠。

若不紮襯衫，那衣服的下擺位置就是關鍵了。衣服太長會
遮掉你的腿，整個人看起來變矮，因此務必讓襯衫下擺落在
褲檔一半再多一根拇指左右的位置。

換句話說，襯衫下擺至多只能占去褲子拉鍊約三分之二，
切忌蓋過整個拉鍊！

· 購買時請注意：

1.襯衫肩線需在肩膀與手臂交界處（那兒有塊突出來的骨
頭）。這是襯衫有無合身的核心所在，肩線掉落太多，會讓

你看起來非常沒有精神且邋遢。

2.**剪裁是否有腰身**。這通常涉及衣服的胸寬，若太寬，就沒有修飾腰部的效果（a.k.a.不顯瘦），同時紮進褲子時又容易積一坨布料在腰部，立馬讓你看起來像歐吉桑。

3.**袖子是否太長或太寬**。除了同樣沒精神又邋遢外，還會被誤會穿了你爸或你哥的衣服。

絕對不要相信「買大一號以後胖了還能穿」「買大一點裡面可以塞衣服保暖」，這是不專業店員才會講的話。

4.**修改很重要**。不管在哪種價位的服飾店買衣服，都屬於「成衣」。除非你是標準模特身材，否則成衣通常都需要修改，才能最符合你的身形。

只要衣服的肩寬剛好，其他部位能透過專業修改，來讓它更完美套在你身上（肩寬並非不能改，只是很貴又容易改壞）。例如你不想紮襯衫，但衣服又太長時，只要改短即可。

以上的選購要點，適用於所有上衣與外套。

・款式怎麼挑？

☺ **素面襯衫**：最安全的基本款，但注意不要買到商務型襯衫（布料很透很薄，可能左胸還有個口袋）。

不妨選擇較為硬挺的牛津布、透氣慵懶風格的亞麻布，或

是展現不同特色的丹寧布（a.k.a.牛仔襯衫）。

　　☻ **格紋襯衫**：最休閒、美式風格的選擇，
記得這個原則：**格紋愈寬愈休閒，格紋愈細
愈紳士。**

　　穿格紋襯衫時更要留意衣服是否合身，不
然非常容易被貼上「宅」的標籤！

　　☻ **直條紋襯衫**：非常適合約會的選擇，沒有素面那麼單
調，又不像格紋過於outdoor，且直線條還有修飾身材、視覺
上顯瘦的效果。

　　建議較胖的夥伴可選較寬的條紋，較瘦者可選細條紋。

　　☻ **圖騰襯衫**：例如碎花、圓點、變形蟲或不規則圖形等。
這類襯衫可展現你的特色與個性，但相對較不容易掌握。

　　建議新手先避開圖案複雜的襯衫，從前面三種開始練習起
吧！

POLO衫挑選與穿搭要點

　　若約會場景以戶外為主，例如近郊健行、公園野餐、老街
散步、山區步道等，POLO衫既可維持足夠的成熟感，但又散
發出略帶休閒、陽光輕鬆的氣氛。

　　當然，前提是你穿對，不然同樣會像是阿伯。

POLO衫一般不會紮進去，或者更精確來說，是要紮得好看實在不容易。好在這類衣服本來就內建休閒元素，放出下擺也很好看。

挑選時首先留意材質。絕對不要穿吸濕排汗、表面光滑透氣的POLO衫跟女性約會。

兄弟，那是給你運動時穿、跑速加三倍用的，約會就別為難它好嗎？此外，很多POLO衫下擺會比較長，若只差一點還能修改，如果實在長大多（例如都蓋掉你半截大腿），那還是換另一件吧！

我最推薦的約會用POLO衫，**是素面但有Logo與滾邊條紋（領子或袖口）的款式**，避免太單調但又帶穩重成熟氣質。

色塊太複雜、圖案很詭異的POLO衫絕對要避開，前者讓你像屁孩，後者再度成為歐吉桑。

褲子：休閒百搭，牛仔慎選

不論上衣是襯衫或POLO衫，約會時請避免兩種褲子：

☺ **西裝褲**：過於正式（尤其全黑款），若你的上衣偏休閒，會非常不搭。

☺ **運動褲**：不是指棉褲，而是吸濕排汗、表面光滑透氣的

褲子。請留待慢跑、重訓或打球時穿，約會穿可能讓對方懷疑你是跑步過來的。

那麼哪些褲子合適呢？你有兩種選擇：

☺ **牛仔褲**：這應該是男生衣櫃裡都有的褲子，與POLO衫、格紋襯衫同樣散發出美式休閒的氛圍。

約會建議選刷色有質感（別挑大賣場一條390那種），破洞不要太誇張的牛仔褲。若你年齡已經接近30，在此誠心建議跟女性見面時，別穿印有妖魔鬼怪圖案的牛仔褲，除非你想被當大學生底迪。

喜歡牛仔褲但又希望搭紳士風格？沒有任何刷色的**原色（Raw）牛仔褲**是你的最佳戰友。

☺ **休閒褲**：這種褲子的定義其實有點籠統，除卻以上三種，剩下的褲子大多被稱為休閒褲。

純棉材質是首選，若怕熱也可挑混亞麻布料的長褲，若你的大腿偏細，可試試側邊有凸出來口袋的工作褲（當然，若大腿粗則要避免）。

記得選擇合身（Slim Fit）或稍寬一些的休閒版型（Casual Fit、Regular Fit）。

褲子太寬，不但顯得腿短，還易給人邋遢的觀感。但勿矯枉過正穿太緊（Skinny Fit），如果讓小腿彷彿灌香腸般，其實會讓對方看得挺不舒服，你自己活動也不方便。甚至，

呃，可能影響生育能力。

　　另一個重要，卻常被男生漏掉的細節，就是褲長。各位下次走在路上，可觀察一下其他男生的穿著，你會發現怎麼好多人褲子與鞋子接口部分滿是皺褶，這就是褲管太長的後果，讓小腿看起來歪七扭八，非但雜亂不俐落，還顯得你腿短！

　　記住，褲管長度是讓你改短用的，別省那一、兩百元，壞了女性對你的印象！

顏色又該如何挑選？

　　卡其、咖啡、棕色號稱長褲三本柱，這些大地色系非常百搭，上半身淺色或深色都能讓人覺得順眼。

　　想要增加成熟感，那就選擇深藍、鐵灰、墨綠、酒紅；希望更多陽光輕鬆的氣氛，不妨穿上米白、淺灰、綠色、淺藍。

該穿短褲嗎？

　　三種約會情景才考慮短褲：海邊、運動、雙方已經很熟或交往。

　　畢竟短褲是非常休閒的衣服，且缺乏修飾身材的效果，若你剛開始跟對方約會，甚至初次見面，還

是穿上能為你加分的長褲吧！

鞋子：有跟優先，皮革更好

多少男性花錢買衣褲，卻忽略鞋子的重要性，導致整體看起來不協調，非常可惜。

鞋子如何挑選，要與你的穿著相呼應，一般分為成熟與休閒鞋款兩大陣營：

成熟鞋款：皮鞋、靴子、雷根鞋

這類鞋子適合搭配襯衫，**首要特色是有鞋跟**，就如穿著襯衫甚至西裝的業務、講師，腳底踩的必然是皮鞋。

鞋跟的好處簡單而強大：**讓你變更高**。雖說身高對脫單的相關性，會隨著你年齡而遞減，但大家都是男性，心底總希望自己看起來高一些。而配備鞋跟的鞋款，往往給你增高3～5公分的buff，何樂不為？

另外，**絕大多數有跟的鞋子，材質是皮革**，硬是能給人更多成熟、有質感與品味的印象。若約會地點為室內，你的穿著偏正式，那務必選擇有跟的鞋款。

你不需要穿到全黑的素面皮鞋，**記住你是去約會，不是上班！**請挑選休閒顏色的皮鞋，黑色之外如深棕色、咖啡色、酒紅色、深藍色、焦糖色等都是很好搭的顏色。

此外，鞋面有雕花、翼紋或拼接不同材質與顏色的設計，都能增加趣味性、大幅降低皮鞋的正式感，避免過於嚴肅。

若你實在不想穿皮鞋，**靴子也是非常好的選擇**。但可不是選登山用的那種機能靴子，而是全皮革的紳士靴、軍靴、沙漠靴。

說穿了靴子就是有鞋筒的皮鞋，意即你的腳踝處會被包覆在靴子裡。建議將褲管反摺一兩截（變成九分或八分褲），露出靴子會非常好看噢！

另外，同時符合「有跟」與「皮革」還有一個選擇：**雷根鞋**。它非常休閒，甚至帶點outdoor風格，算是介於成熟與休閒陣營的中間角色，這讓雷根鞋在搭配襯衫、POLO衫甚至平常你穿的T恤都輕鬆寫意，實用性很高。

☺ **帆布鞋**：可說是青春無敵的代表，白色T恤、牛仔褲、高筒或低筒帆布鞋，是許多人學生時期的共通回憶。

罷特，請注意上面的關鍵字「青春」「學生」，若你已經逼近30歲，即使再不捨也該跟帆布鞋道別了。你用來吸引女性的形象，將逐漸轉為「成熟歐爸」而非「青春小鮮肉」。

　　☺ **帆船鞋**：就是沒有跟的雷根鞋，且材質多變，有皮革也有帆布。它雖然也走休閒與outdoor風格，但沒有帆布鞋那麼「底迪」，很適合搭配POLO衫。

　　☺ **運動休閒鞋**：各家運動品牌出的特殊鞋款，它們機能沒有專業運動鞋那麼全面，但通常也算好穿好走。

　　雖然有點像是閹割版的運動鞋，卻因此擁有更好看、適合約會的外型。

　　Adidas originals的三條線造型鞋款、Nike Air Force 1系列、New Balance 574、576、996等系列，都屬於這類。

　　教各位最簡單的判斷方法：**只要你的鞋子透氣材質面積超過50％，就不適合約會穿著**，因為這偏向專業鞋款，請留到運動時再穿吧！

　　☺ **純休閒鞋**：扣掉以上三種，其他常見無鞋跟鞋子的統稱，通常都適合約會穿著，搭配POLO衫、T恤、休閒褲或牛仔褲也都很不錯。

　　若你的預算足夠，推薦買雙皮革材質的休閒鞋，兼具兩個陣營的長處，不會太拘謹（無跟）但又維持一定的質感與成

熟度（皮革）。

大家不妨花點心思，找雙這樣的鞋子當約會祕密武器吧！

☕ 配件：畫龍點睛，約會必備

女性配件非常多樣，從頭到腳有一堆可選擇，男生常見的配件四天王則有：手錶、皮帶、包包、圍巾。

☻ **手錶**：四天王之首當推手錶，秋冬穿著長袖襯衫或外套時，袖口若隱若現的手錶，會讓這男性更加有魅力，能夠**展現你的品味與故事**。

春夏衣服多為短袖，又少了外套或針織衫增加層次，往往在視覺上顯得單調。這時手錶可讓你的手腕不那麼空，甚至成為目光焦點。

但我相信不少男生會質疑：「用手機看時間就好啦！幹嘛還戴手錶？」「這樣不是多此一舉嗎？」

用手錶看時間，會比拿出手機還快速，且某些場合大剌剌用手機看時間，是很不禮貌的行為（開會、約會、跟別人互動）。

而手錶可以透過看似不經意的小動作，讓你瞭解當下時間，好規畫接下來事情，例如是否該結束對話了？要準備轉換其他約會地點了嗎？或對方的末班車是否已經開走了（咦？）。

更重要的是，**翻轉手腕看錶**，絕對比從口袋、包包或桌上拿起手機來看，更顯得優雅且紳士。

前面的月暈效應告訴我們，人有著從小線索過度推論的習慣，手錶往往能讓約會對象產生好印象，例如：**重視時間、生活品味、注重穿著與外在形象、可能有不錯的工作或收入**。

有時手錶還能製造話題，或許是你畢業第一份工作送自己的禮物、30歲的紀念、尾牙抽到的獎品等。

只要你不是戴很詭異的錶（例如卡通錶或奇怪顏色），我還沒聽過有女性對「戴錶的男性」持負面觀感，反而都是幫你加分的正向看法。

所以啦，好手錶，不戴嗎？

☺ **皮帶**：約會時請避開全黑色素面的皮帶，理由同樣是太正式、嚴肅。

最NG的，是搭配一塊長方形金屬的皮帶頭，保證瞬間讓女性將你某個主管連在一起（不是有型又陽光的那位，而是50、60歲挺著啤酒肚、有些老態的那位）。

咖啡、棕色、酒紅、深灰、深藍的皮革都很適合，想休閒點也可挑編織皮革。

☺ **包包**：如同手錶會被質疑，包包也吸了不少砲火。

很多人覺得「反正手機、錢包都放口袋，幹嘛還帶包

包？」各位注意，從今天開始絕對、絕對別再把皮夾放口袋啦！

手機很薄還勉強ok，但皮夾會讓大腿或屁股鼓起來一包，非常不雅觀且讓皮夾變形，付帳時可就尷尬了。

包包的選擇，應該依照穿搭選擇款式。若你穿襯衫甚至休閒西裝，**包包的背帶盡量別跨過前方身體**，因為容易讓衣服皺掉、破壞線條。

可改成托特包（掛在肩膀或手提）、雙肩帶的後背包（但別太運動風格），甚至輕便的手拿包（別選全黑就不會像包租公了）。

若穿POLO衫，背帶會跨過身體的斜背包／書包就很適合（背帶不要太長，別讓包包跟你的臀部不斷親吻），近幾年流行的單肩後背包也是好選擇，比傳統的雙肩後背包還小，讓你看起來更俐落。

除了款式，不妨選個跟衣服相異的顏色吧！最怕全身穿得黑漆漆，還背了黑色包包，實在太沉悶了！

至於該不該買精品名牌？**建議初次見面先避開滿滿logo的款式**，以免對方產生土豪或屁孩的負面刻板印象。

☺**圍巾**：圍巾是冬天必備好朋友，美觀實用兩相宜，但跟前面一樣，我們來聽聽男生的藉口：「暖冬又不冷」「會冷

穿外套就好啦」「好娘喔」，然後拿起那件讓他成爲米其林寶寶的羽絨外套（汗）。

在這邊給各位夥伴一個觀念：**圍巾是配件** （請自行默唸三次），當然，它本身也有良好的實用價值：

1.讓你全身不會太厚重：我當然知道穿件超厚羽絨外套很保暖，但台灣冬天的確愈來愈不冷，**與其一件厚外套不如洋蔥式穿搭**，也就是穿上多件的衣服，依照當下氣溫增減。

尤其這幾年冬天都是清晨出門有涼意、中午變熱、晚上又轉冷，圍巾有很好的保暖效果，只要脖子溫暖，全身就會跟著暖。你不用穿上很厚的外套（累贅又不好看），改用輕薄外套甚至針織毛衣，搭配圍巾來禦寒。

2.讓你看起來不會太單調：冬天主要衣物是長袖、長褲，因此很容易色調過於單一，尤其少了皮膚的淺色，又都穿深色系時，整個人看起來會很呆板、嚴肅。

要破解這窘境，**其中一個方法是外套不要全扣上／拉鍊別拉滿**，露出裡面不同顏色的衣服。

但風大或低溫時怎麼辦？就得靠另一個方式，也就是圍巾的輔助，來增加你身上的色彩。有空爲自己挑一兩條，質料舒服、顏色與目前衣服較不同的圍巾吧！兼具美觀與保暖，是很值得的投資！

☺眼鏡：等等，不是四天王嗎？怎麼還有眼鏡？嗯，四天王有隱藏第五人這種老哏公式，應該不用我多做解釋了。

雖然愈來愈多人配戴隱形眼鏡，但其實鏡框本身也是個配件，**挑一副好眼鏡能幫你修飾臉型、改變風格。**

若你的臉較圓潤，可運用方框平衡顯瘦；如臉已經很方正，來個圓框柔化稜角。除了定番的黑色框，我更鼓勵大家嘗試其他顏色與膠框之外的材質。

台灣目前有不少日系連鎖眼鏡店，價格實惠、款式多樣，不妨去試戴吧！

花了這麼多篇幅介紹了穿搭的基本策略（你沒看錯，這只是基礎），學習外型經營、培養美感與品味，是一個成熟男性必經之路。

各位夥伴，你絕對值得讓自己有更棒的外型，來搭配你的內涵與內在！

軟實力之一：
情緒控管（EQ）

功能

1.擁有換位思考與同理心，與人建立更密切的連結。

2.健康的心理狀態，將帶來健康的身體。

3.滿足約會對象的依戀（attachment）需求，達到深層吸引、維繫關係效果。

當我們18、20歲時，動不動跟別人起爭議，並不是太奇怪的事情。

從心理學角度看，青少年的大腦，尤其是前額葉，仍處於持續發育狀態，情緒控管、高階思考能力還沒有很到位，有些人容易衝動、生氣，有些則比較自我中心，活在自己世界裡（中二病）。

但當你開始工作、逐漸從菜鳥新人變成資深前輩時，應對進退技巧、情緒管理，甚至更廣一點來說，待人處事的策略，會被期待有所增長。這也是所謂的社會化歷程：**能控制自己情緒變化，並不斷提升與人互動及溝通的能力。**

你看女性愛的韓劇歐爸，會為了點小事像屁孩亂嗆人嗎？哪個不是溫文儒雅的樣貌？要嘛說話得體，要嘛人緣不錯，當踩到底線或女主角被欺負了，才會變換情緒、挺身而出。

當你擁有良好的情緒管控能力時，才能被約會對象貼上「成熟男性」標籤。

別小看這標籤的魔力，要知道，已經離小鮮肉愈來愈遠的你，這可是用來吸引女性的重要武器。

並非要你不能有負面情緒，而是**知道怎樣的情境，可以展現怎樣的情緒，以及瞭解如何抒發、排解負面情緒。**

此外，EQ高的人往往也具備同理心，是個知道如何轉換角色、理解對方情緒與處境，並給予支持、陪伴的高手。

當你與女性逐漸建立信任與好感，關係也隨之拉近後，對方很可能分享更深的話題：生活挫折、工作煩惱、人際衝突、生涯抉擇，甚至過去的情殤、失戀經驗。

許多PUA或把妹理論，過度站在生物本能來看愛情，講得好像人類只為了繁衍、性交而找尋伴侶，這種太偏頗的觀點，容易讓我們物化女性，且忽略了人類關係的本質：依戀（attachment）。

事實上，人類是為了擁有一個穩固的安全基地而尋覓伴侶、投身愛情。

這個避風港並非以傳宗接代、肉體歡愉為主要目的，而是

爲滿足心理深處的依戀需求，以及期待被安全感圍繞。

我們喜歡相互支持的感覺，尤其若將對方視爲長期交往對象時，更會尋求良好的陪伴品質。

當對方出現負面情緒時，若你能沉穩接住，並給予恰當的回應，對發展長期、穩定的人際或愛情關係將將是大大加分。

別再汙名化暖男啦，他們的同理、安慰、傾聽能力，能在此時發揮絕佳效果，重點是不能成爲單純的工具人或心情垃圾桶，仍需保有自己的界線與原則。

這種同理特質，對於多數女性來說是非常具吸引力的。畢竟，我在諮商工作或講座中，聽過不少女性的分手理由是：「因爲他根本就不懂我！」

如何建立&展現：
日常訓練，以應付突發狀況

「該開心時就開心」，聽起來像是幹話，卻是發揮情緒力的第一步。

沒有人想跟整天嚴肅板著一張臉的人互動，不但把氣氛搞得很緊張，還容易讓人覺得「他的生活好像很不順利」「他脾氣可能很差」。

在我的諮商工作中發現，那些看起來總是不爽的人，往往

對自己高標準（也有少數對別人很嚴格，甚至憤世嫉俗覺得大家都欠他），缺乏玩樂的習慣與能力。

認真工作、努力學習固然重要，但24小時都處於備戰狀態的後果，就是嘴角不自覺下沉、被人誤會你整天森七七，且無法與周遭的人放鬆互動。

另外，若要說男性情緒最容易失控的日常情景，「開車」應該榮居第一位吧！

我見過太多男生平常溫厚老實，但手一握方向盤就像開啟第二人格，很容易因別人違規、超車或速度太慢等行為，立刻不耐煩甚至爆氣開罵。

我自己也常開車，完全可以理解遇到鑽車屁孩、四輪路隊長時有多不爽，但這是男性學習情緒控管、展現成熟的絕佳時機。

「讓一讓，世界多美好」是幾十年來警廣的一句slogan，老派但言之有理。

當你瞬間被激怒、即將爆發時，務必深呼吸告訴自己「沒時間跟這種咖計較」，畢竟這世界美好的人事物太多（例如你副駕駛座的那位妹子），若因眼前的瞎咖而錯過，實在太可惜。

實在氣不過？回家後花點時間剪輯行車記錄器，到相關單位網站提出檢舉，比破口大罵更有效果。

遇到這種事也很沉著，
感覺好帥！

因為三寶或屁孩打壞氣氛不值得，
忍一時不只風平浪靜，還可以換來對方的讚賞眼光，一舉兩得！

這種情緒控管練習，記得平常就要多做，哪天女伴因你的沉著而驚訝：「你很厲害耶，剛才我都想罵那台車了，你卻能忍住。」你除了感謝自己平日的努力外，記得回一句：「還好啦，也是會不爽啊，但沒必要在意那種咖。」完美展現你的EQ！

如何培養同理心？

好消息是，人類很早就發展出同理心（有說法是2歲開始增強），大腦的鏡像神經元（Mirror neuron）與催產素（Oxytocin）是同理系統的雙核心。

當我們看到別人的行為、處境或情緒時，彷彿自己也經歷了類似的情景，並且感同身受。

在《天生愛學樣》（*Mirroring People: The new science of how we connect with others*）書中提到，鏡像神經元提供一個自動化的內在模擬歷程，並與掌管情緒的邊緣系統合作，這個系統提供我們感知到的情緒感受，讓人深切瞭解別人的感覺是什麼。

然而受到成長背景、日常習慣的影響，我們可能因為兩個原因，變得不太會同理別人：

一、觀察力不足

鏡像神經元要發揮良好功效，得先注意到對方的狀況，才會在你的腦中重現。

若我們與人互動時，忽略了她流露出來的蛛絲馬跡，在不知道、不確定對方處於負面情緒的前提下，自然很難將心比心，更遑論給予正向回饋。

互動時好好張開雙眼與雙耳，留意表情、肢體，細聽語調、音量等變化，有助於接收對方情緒，進而同理。

二、缺乏回應技巧

完整的同理，包含「感同身受」以及接續「表達我的感同身受」，多年來我發現不少男性其實並非讀不出對方情緒，而是不知如何展現「我懂妳」，結果就是被誤會沒心、木頭甚至白目。

其實，只要遵照三步驟的SOP，就能給予多數人能接受的同理回饋了：**專心聆聽→安慰情緒→給予建議。**

專心聆聽，緊扣上述的多聽多觀察，幫助鏡像神經元工作，同時蒐集更多線索，好幫你拼湊出事件全貌，有助於最後給予建議。

更重要的是，當你透過非語言訊息（如眼神接觸、身體前

傾、簡短回應或提問）展現專心時，能讓抱怨或吐苦水的女性覺得你在乎且關心她。

聽對方說她遇到的衰事與負面心情，聰明的各位一定很快在腦中閃過幾十幾百種解法，但你千萬要忍住，**先換句話說或找相似詞來附和**，讓對方覺得你理解她的感受，且站在同一陣線。

例如對方抱怨「同事在背後壞話，好煩」，你可以用「這樣應該不太舒服吧？」回應。

如果沒有先拍拍就急著講道理或提出建議解決事情，很容易被當成講幹話！

在接住對方心情，且她情緒有緩和跡象後，運用個人經驗與知識，提出具體的建議，不但接受度高，還能被貼上成熟、幫大忙的標籤。

記住，別被過度強調男性主義的把妹理論洗腦，給出「聽我的就對了」「我的方法一定最好」這類強勢命令，善用「跟妳分享」「給妳參考」的態度，更能贏得對方的好感！

軟實力之二：
人脈資源

功能
1. 在職涯發展或經營生活上，獲得一同成長的戰友。
2. 透過一個人認識一群人，儲備生活或職場所需資源。
3. 經由「社交認證」，讓約會對象自然對你有好印象。

人脈是男性年齡增長過程，必須謹慎培養的重要資源。或許你覺得人脈這詞，有點太功利甚至帶銅臭味，那我們換個詞：人際連結。

古人有云：「在家靠父母，出外靠朋友。」我們多數人並非含金湯匙出生的富二代，無法永遠靠家人支援（別讓他們太累太操煩啊），建立自己的人際資源，才能在需要時提供各種幫助：聽你吐苦水、幫忙給建議、陪伴玩樂、在你走偏時提醒，於你跌倒時拉一把。

朋友除了有益身心外，若約會對象知道你人脈廣闊，一方面會覺得「能交到朋友的人，大概不會太NG」，另一方面也認為你是個靠得住、值得別人信賴的男性，這就是社交認證

的強大之處。

更別說若你認識一些厲害的朋友，女性容易也認為你「跟那些強者Level差不多」。

如何建立：
比起展現人脈，建立資源更重要

我個人非常反對為了吸引心儀對象，而在互動時唬爛、編故事。雖然有些PUA會教人這麼做，但這種欺騙行為引發的吸引，都是短暫且流於表面的，毫無意義。

說一個謊要更多謊來圓，與其提心吊膽、費心瞎掰，還不如一開始就老實地努力擴展人脈。

學生時期要認識朋友相對簡單，畢竟通識課、社團、系隊、營隊、打工都是機會，更別說一堆免費的校內外活動。

出社會後，很多人會被高工時、責任制綁死，或因為上班時勞心勞力，下班或放假只想宅在家放空。

但這種生活模式非常危險，不但難以累積故事與話題，自然也限縮了交友圈；若再加上以前的老同學、舊朋友陸續脫單或結婚，很可能漸漸減少聯絡，到最後落入「沒朋友」的窘境。

朋友如同愛情，不會莫名其妙自己蹦出來。即使你魅力十

足，若根本不與人接觸、或自己切斷交流的管道，那別人要怎麼認識你，並建立人際連結呢？擴展人脈，請務必嘗試以下五步驟：

步驟一：參與活動。 公司裡同事聚餐、下班後進修或聚會、網路社群找尋同好等。

步驟二：主動接觸。 與其等待別人來跟你講話，不如帶著微笑跟附近的人寒暄幾句。

步驟三：留下聯繫管道。 若在活動中與其他成員聊起來，趁氣氛不錯記得交換LINE。

步驟四：日後持續互動。 交到新朋友，可別只有逢年過節傳祝福圖片，打鐵趁熱，三天內就傳訊吧！

不知道聊什麼、怕尷尬？不妨用活動內容、心得當開場，再將話題轉到私領域，從個人基本背景（居住地、興趣、工作）中抽取故事分享、延伸話題，這部分可以參考我的前一本書《一開口撩人又聊心》。

步驟五：篩選與分類。 並非所有認識的新朋友，都要發展成無話不談的知己。

互動一陣子後，你可以評估哪些人比較處得來、可信任，持續跟對方分享更多；有些人則可當成偶爾閒聊、活動揪團，或是保有合作機會的人脈。

如何展現：
透過聊天與社群網站

聊天時分享自己與朋友的互動，或運用社群軟體展現人脈，都很有效果。

還記得《一開口撩人又聊心》的「朋友故事」聊天技巧嗎？約會時用「強者我朋友」當話題，不但避免一下就聊到太深的隱私，讓開場顯得自然輕鬆，還能延伸到個人其他故事，並在過程中展現你的人際資源。

例如：「我有個朋友很妙，他竟然為了拍星空，夜衝武嶺待了一整晚」以此開場，跟對方分享且引起興趣後，接著聊「我跟他是大學時候認識的，過程也很神奇，當時……」順勢將話題延伸到自己大學時期的趣事。

也可以接到「有一次我跟家人到翠峰露營區，因為是夏天所以看到銀河，當下立刻理解他為何這麼喜歡去拍星空了……」聊起其他旅遊經驗。

當然，這些話題也可以反問對方，邀請約會對象分享她的相關故事，或者你也可以直接分享「自己與朋友一起參與」的故事。

例如「我第一次出國，是跟一位好朋友自助，結果旅程中吵了好幾次……」開啓話題，再接到「回台灣後，妳猜我們怎麼了？很妙的是我們感情竟然更好，或許是有種，一起通過挑戰的感覺吧。上個月我還約他去台北一家新開的餐廳，那家很特別，他們的餐點……」

在這些故事中，對方除了增加對你的認識，並有機會產生「這個人有朋友，而且是交情很深的多年好友，感覺他溝通能力應該還不錯，人可能也不差，畢竟能與別人建立關係」的正向印象。

除了聊天中展現，另一個非常好用的技巧就是運用FB、IG之類的網路社群，記得放上跟朋友同事聚餐、出遊的照片吧！

軟實力之三：
社會歷練＆做事能力

> **功能**
> 1. 解決現實生活中許多疑難雜症、讓對方覺得你靠得住，產生信任感。
> 2. 克服工作不同考驗，在職涯路徑持續往上爬，並增強經濟硬實力。
> 3. 幫助他人移除障礙，擴展人脈。

　　很多人說學校教的東西，出社會後未必能用在工作。就算是具備工作所需專業的本科系畢業，在職場上要能順利搞定一個個任務，只靠專業絕對不夠。

　　進入職場幾年後，你處理事情的能力與要隨之提升，例如怎樣有效率運用時間、避免只用刻板印象看事情，且能用更多元更寬廣的角度思考，以及能準確評估所需要的時間、人力，當自己無法cover時，也知道如何尋找並運用手邊資源，甚至帶領別人共同完成任務。

　　這些除了運用在工作中，日常生活也同樣重要。

如何建立：
多做多學不吃虧

不是要你奴性重，而是設定具彈性的界線，在合理範圍內把握機會，邊做邊學。不要覺得把交辦事項完成，就沒自己的事了。

做事能力並非天生就有，是在社會與職場中學習而來。怎麼改善流程？如何提升效率？之後處理類似工作怎樣更省事？面對這些陌生的事物，不會、不熟、不懂很正常，願不願意找管道學習才是關鍵。

同事中的前輩、後輩、主管都可能擁有你缺乏的知識與技能，線上線下的專業社群、課程或書籍，同樣是能幫助你的資源。

想學習、累積歷練，在現代環境永遠不乏機會，怕的是我們遇到事情只想逃避、敷衍打混，讓自己在年齡不斷增長時，能力卻停滯在剛進社會的程度。

要在社會中累積經驗、提升處理事情的能力，也緊扣著上一節人脈資源的重要性。

我曾遇過一些學撩妹卻走偏的人，用「自我感覺良好」與「瞧不起別人」方式來建立他以為的高價值，別說女性和

他相處時感到不舒服，連同儕也受不了這老兄高高在上的態度，逐漸疏遠，但當事人卻認為自己是才高招妒，持續孤芳自賞。

這社會上總是不缺比我們厲害或資深的人，他們是非常好的學習對象，但記得別急著想從對方身上撈好處，對方可沒義務非得幫你、教你。

新冠肺炎期間，我與新創團隊sofasoda合作線上工作坊，其中一段是與Jumpstart Global 共同創辦人Roger（羅荷傑）同台座談，分享彼此對職場溝通的觀點。

Roger提及個人過去經驗，早年他只要在社交場合認識人，習慣主動請教對方、不斷提問想得到答案或回饋。但某天有位前輩私下找他，語重心長地說：「Roger，我知道你很拼、很有衝勁，但你侵略性太強了！」

這句話如當頭棒喝，讓他發現過於積極其實容易給人莫大壓力，「我很感謝那位前輩，願意點醒我，幫我調整了人際模式。」Roger這麼對活動成員說。

這故事讓同為來賓的我印象深刻。的確，**在關係尚未建立之前，太多的索取很容易製造壓力**，這點不論一般社交或情場互動皆然。

記住，別因為對方的資歷或頭銜，就腦衝巴著別人，先經

由互動讓他認識你，同時觀察對方有什麼強項與優勢，是你缺乏並需要的，再進一步虛心請教。

如果你還不瞭解自身狀態，卻急著胡亂發問，反而讓人對你產生「搞不清楚狀況」「壓力山大」的負面印象，不可不慎！

如何展現：
助人為樂，別算計得太清楚

在職場上跟同事合作，或是帶領新人的時候，就是你展現做事能力的機會。

或許有人會說：「可是我沒有喜歡這同事啊？」或「但對方是男的啊？」嘿，buddy，眼界要放開一點，把事情做好，你的能力與經驗自然會累積，**而且名聲有機會流傳出去**。

不是要你當工具人，而是在可負擔的範圍內幫忙別人，不論是職場或生活中都絕對不吃虧。更何況你永遠不知緣分在哪裡，或許在其他部門，也可能是同事的某個朋友。

當然啦，與好感對象互動時，規畫約會行程、分配任務及臨場反應，都是你展現做事能力的時刻。

更重要的情境是，若對方找你訴苦、抱怨時，同理的第三步驟「給予建議」，更是展現歷練的重要時刻，千萬別錯過了！

軟實力之四：
生活經驗

> **功能**
> 1.讓你擁有源源不絕的聊天話題。
> 2.成功製造輕鬆自在、有趣愉快的互動與約會。
> 3.激發女性對你的興趣,進一步主動想靠近你。

雖然放在最後,但卻是最重要的。

我們從小受到過去長輩們的善意提(洗)醒(腦):「好好念書、認真工作,就會有女性喜歡你。」

於是我們真的將所有時間精力投入學習、賺錢,然後在成為大魔法師的授證典禮上,茫然看著長輩:「欸不對啊,怎麼跟您們說的不一樣?」

長輩沒有騙你,他們的年代的確是這樣運作的。基本學歷與穩定收入,加上台灣經濟起飛的背景,很難交不到女友、結不了婚。

然而,我們這年代有了很大的變化:**女性也有工作,不用只靠男性。**

從勞動部統計數據來看，民國69年男性就業率約77％，女性約39％；近30年來呈現男性下降、女性上升的趨勢，至民國105年男性就業率約67％，女性約51％。

「瑪那熊，有在工作的女性才一半？這不就打臉了嗎？」

所謂魔鬼藏在細節裡，這份資料並未區分就業女性「單身或結婚」。

從行政院主計處105年的《人力資源調查》來看，未婚男性就業率同樣約67％，但未婚女性就業率則有62％。

女性就業率降低，主要原因是結婚，婚後就業率剩下49％，而生產後更是只剩下30％，但這兩種身份的女性，並非我們脫單的目標（就算已經通姦除罪化，各位也別衝動淌渾水啊）。

這數據顯示的是，未婚或單身的女性工作比例其實與男生相似（差距約僅約5％）。

也就是說，各位會接觸到的女性，多數是有收入的。「**因為我有賺錢，對方想讓我養而願意交往**」這種事，在現代社**會已經淪為幻想**。

至於網路鄉民喜歡拿極端值出來說嘴，什麼年薪三百萬或富二代，妹子自己貼上來，不可否認的確會有這種狀況，但

有錢很重要，但別幻想光這樣就能交到女友。
除非你想找的是「愛你的錢，而不是你這個人」的女性。

跟單純為了金錢而靠過來的女性交往，也沒啥好開心的吧？相信這也不是各位要的愛情。

雖然一般人很難靠錢就脫單，但你不能真的沒錢啊！這章一開始不就告訴你，穩定的經濟狀況對脫單仍然很重要，一來你可以給予信任與安全感，二來你有資源可以提升其他魅力，包括這節的重點：生活經驗。

「經濟狀況」
已經不是助你脫單的唯一解答

當多數女性跟你一樣，擁有穩定工作、收入後，**比起經濟狀況，生活經驗成為更強大的武器。**

首先如同我在上本書所說，人際互動的主要話題來自你親身經歷，那些有趣、好玩、獨特、精采、印象深刻的生活故事，你與女性網聊或約會，當然更是如此。

透過分享這些真實經驗讓對方更認識你，製造出輕鬆愉快的氛圍，並讓她的大腦說服她自己：「這男的還不錯。」對方會因此產生更多好感，甚至觸發心動的「港賊」。

「瑪那熊，我工作就很忙啊，哪來什麼生活經驗？」
「回家就累得要死，怎麼可能有這種東西？」

這種日復一日的固定模式，乍看之下「沒時間、沒體力」是原因，但**更關鍵的其實是缺乏規畫&經營生活的習慣**。

人是非常仰賴習慣的生物，我們依照過去與目前的舊有模式過日子，結果就是不會有任何改變。

還好，這種習慣的建立，沒有我們想像的難。我透過以下四個步驟的指導，已經幫助很多單身者大幅擴展生活經驗，而且幾乎是無痛升級、毫無壓力。

步驟一：買個月曆。

在月曆上標出你接下來三個月所有放假的日期，找出你有空的時間。

步驟二：找出你有興趣（或至少不排斥）前往的地點或參加的活動。

你可以上網、翻雜誌、問朋友，用關鍵字去google搜尋：台北美食推薦、台中半日遊、最新展覽活動等，找出你有興趣的展覽、電影、聚會、進修、志工等活動。

當然不是只能出門，在家閱讀、烹飪、手工藝、美化環境、園藝等也都很不錯。

步驟三：開始規畫什麼時候，要去做什麼事情，要跟什麼人一起去。如果找不到人，自己也沒什麼不好。

我們都成年了，已經過了「什麼事都要有人陪」的年紀。

更何況，這也是個訓練自己獨立＆獨處的好機會，更是培養你成熟感的一環呢。

步驟四：活動結束後，絕對要記錄、整理，以免隨著時間流逝就遺忘。

除了可以運用《一開口撩人又聊心》中的兩個表格，也建議簡單分享在網路社群（FB或IG），增加曝光自己的機會。

別高估了你大腦的記憶力。繁忙工作、日常瑣事會吃掉我們大部分的記憶資源，不如運用文字與照片，編撰成屬於你的話題資料庫。

此外，在你擴展生活圈、增加生活經驗時，務必遵守「**循序漸進，不要越級打怪**」原則。

千萬別看完上一段，就衝什麼玉山攻頂、徒步環島，一來會讓自己陷於險境，二來很高機率你根本不會去做。

先從離家近、時間短的開始吧！你也可以打開google map，先找找你住處附近有什麼餐廳或景點，且安排個一兩小時的行程即可。

之後再逐漸拉遠距離，像是跑個近郊、外縣市甚至出國（希望本書出版時，疫情已經穩定），時間也可以從午餐或晚餐時間，延長到半天、一天，甚至兩三天的行程，**小的成功經驗會產生滾雪球般的效果，讓你愈來愈順利！**

做個總結。你如何認真工作，已非能carry全場的優勢；你如何經營生活，才是更為重要的武器。

換句話說，你光懂得賺錢不夠，要懂得生活（a.k.a.懂得花錢）才是關鍵！

脫單第二課：
如何擴大對象圈，
找尋適合你的妹子？

適合你的妹子在哪兒？

　　脫單要成功，永遠就是兩個條件同時滿足：自身魅力，以及認識對象。

　　就如同一支智慧型手機要大賣，硬體規格、鏡頭品質要好（你的內在優勢，例如專長、能力）；使用介面要流暢、人性化（你的個性、待人接物與處事原則）；好看的外觀、具質感的用料（你的外在條件，顏值、身材、膚況、穿著、品味）；還不能缺少強大的行銷（你用來展現優勢的聊天技巧、互動能力）。

　　有了這些就能熱賣嗎？當然還不夠。

　　當你將自身打磨得愈來愈具吸引力後，還需要「管道」接觸潛在客戶（約會對象）。

　　用商業術語來說，就是找到「通路」。你是要網路販售？跟通訊行、電信業者合作？利用拍賣平台？

　　簡單來說，就是你必須創造「讓別人接觸到你」的機會。

　　網路撩妹文章很流行一句話，叫做「花若盛開，蝴蝶自

來」，但試問若你開在摩天大樓的頂樓陽台，或是密閉的室內空間，哪來的蝴蝶？

盛開的花，也要放對地方，才能讓蝴蝶看見、趨之若鶩。總不可能整天關在家裡、斷絕一切聯繫，卻突然有人按門鈴說想認識你、有意交往。

如果真遇到這種情況，那你還不快逃啊？這不是詐騙就是見鬼了吧！

這堂課會分析各種通路，也就是你能從哪些管道認識對象，並分析它們的優勢劣勢、要留意的地雷。

管道一：
親友珍貴別濫用，
靠別人不如靠自己

「誒，能不能幫我介紹對象？」這句話你可能被問過，更可能對別人說過。

很多時候我們因為生活圈狹小，自然想動用身旁的人脈資源，希望能認識新的約會對象。然而，「找人幫介紹」這舉動，其實潛藏三大風險：

風險一、敗名聲

我能理解大家想盡快脫單的心情，畢竟有個伴在身旁，比上街看人放閃好太多了。

但如果你過於積極、一直請周遭的人幫忙介紹，不但容易造成對方壓力，更是顯現出「我很飢渴、很缺」的形象。

如果你請託的是同事或跟對方的共同朋友，還可能在辦公室或朋友圈中流傳，名聲很快就臭掉。

過去個案發生的慘痛教訓是，他三不五時就在同事之間釋放「趕快幫我介紹」的訊息，搞得大家都知道他很想交女友，久而久之不但男同事覺得有點煩，最尷尬的是女同事也暗地將「怪怪的人，最好保持距離以免被纏上」的標籤，貼在他身上。

☕ 正確解法

「生活圈太小，難以遇到對象」的確是個問題，但最有效的解決策略，是靠自己去認識人。

參加活動、進修、聯誼、用交友app，甚至去婚友社，都會比一直叫別人介紹還合適。

其實認識潛在對象的管道很多，只是很多人懶得花時間、投資金錢，習慣伸手牌、出一張嘴要人無償幫忙，這也是為何總是要別人幫忙介紹，容易留下負面印象的主因。

自己愛情自己負責，這才是有魅力的大人啊。

風險二、欠人情

即使身邊的人願意幫忙介紹，也會有很多麻煩事發生。例如對方介紹的人你不喜歡，想拒絕卻又得考量到介紹人的面子，斷然不聯絡彷彿輕視了朋友的好意。

勉強互動嘛……一來你自己覺得尷尬，二來如果戰線拉長導致對方誤會你有好感，更是陷入騎虎難下的窘境。

　　另一種情況是，你想更進一步，但對方無意靠近，介紹人難免有著「得幫忙撮合」的壓力，夾在中間不知該幫誰（因為他兩邊都認識）。

　　即使你們打得火熱，只要後來吵架有爭執，甚至鬧到分手，對介紹人來說都會覺得自己有責任協助。

　　幫人做媒實在是件很麻煩的事情，你說這人情債欠得還不夠大嗎？

正確解法

　　能用錢解決的，都是小事。比起欠人情債，後續會介紹參加活動、聯誼都相對單純許多。

　　如果你非得找人介紹，務必找交情深厚、信任足夠的親友，且讓對方知道，牽線讓雙方接觸（見面或交換LINE）後任務就結束了，後續的發展由你自己處理，不須介紹人再費心（盈虧自負的概念）。

　　這麼做的好處，還包括避免介紹人熱心過頭，反而讓你跟約會對象有壓力。

風險三、難精準

就我的諮詢經驗來看，請人介紹但認識不到我理想的對象的機率頗高，我開的條件，與對方心目中的條件有落差是常見的狀況。

我雖然在愛情產業許多年，但幫認識的人介紹對象不過兩次（通常是轉介去給專業的聯誼或婚戀平台）。其中一次就是拗不過朋友央求，滿懷善意想幫忙。

「好吧，那你說一下希望對方有什麼條件？」

「嗯，我都可以啦，畢竟要相處才知道嘛。」這句是超級幹話，「真的嗎？那就隨我介紹囉？」我說。

「啊，有一點，就是希望對方不要太胖。」

我露出「哼哼剛才還說都可以」的表情，比了ok手勢。

「太感謝了瑪那熊，好期待啊。」

結果雙方約會結束當晚，這老兄直接打電話給我：「呃，謝謝你介紹，但是……那個……」

「你就乾脆點直說了吧！」

「我不是討厭胖子啦，但覺得她身型我真的不行……抱歉抱歉。」

我幫他牽線的女性160／60，在我心中算有點小肉很可愛，但他卻覺得已經達到他對於胖的定義，這下就尷尬了。我轉而詢問女性看法，結果更妙。

「瑪那熊，你不是說你朋友很高嗎？」

「對啊，因為你說希望認識高一點的男生，所以介紹175的給你。」

「嗯，我不是歧視矮的男生啦，但我想找180以上的耶。」

各位看到這，可以理解為何我後來不幫熟人介紹對象了吧？吃力不討好啊！

當你要求朋友幫忙介紹，就掉入了欠人情的尷尬狀態，加上若太常打槍別人幫你介紹的對象，「難搞、很挑、要求多」的標籤可就自動貼到你身上，解鎖「敗名聲」成就。

正確解法

先釐清你想找的對象條件，整理得清楚後，再與介紹人討論。與其用「不要太胖」這種模稜兩可的形容，不如直接講明身高體重或BMI要多少以下。

同樣道理，什麼收入不要太低、有上進心、個性好這種籠統不明的詞，請先整理得具體詳細。

但也記住，**這些條件務必保持彈性，用範圍來設定而非絕對數據**。尤其內在特質較難量化，多描述、多舉例才能讓介紹人理解你到底想找怎樣的人。

☺ **提醒**：不管是否成功脫單，別忘了表達你的感謝。不要只是口頭說說就算了，請吃頓飯、送個禮，讓對方知道你看見他的辛苦與用心，才不會敗名聲又欠人情啊！

最後務必記得，請人介紹只能當成偶一為之的輔助策略，要脫單還是靠自己去認識最實在！

「免錢的最貴」有其道理，戒之慎之！

管道二：
近水樓臺先得月，
脫單首選好同事？

　　前面提到找人介紹其實有風險，要嘛欠人情有壓力，要嘛給人很缺、很飢渴的負面印象，那靠自己總行了吧？

　　你如果這樣想，那真的很好。脫單這件事，別人充其量是輔助、是資源，最終成敗還是得由你來扛。

　　多虧台灣的高工時與慣老闆，讓我們出社會後的生活&人際圈急速縮小（苦笑），於是許多人把腦筋動到職場中的同事、前輩或後輩。

　　雖說有點不得已而為之，但「近水樓臺先得月」可是有心理學研究背書的。物理距離拉近，往往造成接觸機會增加，更別說同處一間公司，有許多共通話題、交集甚至合作機會，可用來展現你的優勢。

　　罷特，雖然職場看似是重要人際圈，也是找尋潛在約會對象的管道，但一不小心也可能名聲臭掉、搞得辦公室氣氛尷尬，更嚴重還可能會被申訴性騷擾，不只丟了飯碗，還要擔

負法律責任！

　　例如二〇一九年有篇網路吵得沸沸揚揚的新聞，就是北市府團隊「學姐」疑似受到性騷擾。

　　這究竟是過度聯絡、工作磨擦，還是不當追求造成的騷擾，往往成為羅生門，需由相關單位判定，因此務必留意。

　　若你對同事有好感，請用對策略來吸引，以免鬧得雙方不愉快。

　　首先，在辦公室找對象有兩大必須避開的地雷：

地雷一：太過刻意或頻繁的關心

　　上述的事件，依照當時新聞內容，女主角當天跟著主管跑行程，結束後獨自回家，男主角則前往另一場飯局，但卻不斷傳訊息給女方，問她「要不要過來一下」，甚至多次打電話過去。

　　在被婉拒後，男生又傳了「抱歉沒有照顧妳回家」「路上小心」等訊息。

　　這其實是不少人在與同事互動時常犯的錯誤：**急著藉由公務來推進關係，以關心、討論為名，進行大量、單向傳訊行為。**

　　從公務切入的策略原則上沒錯，畢竟剛開始雙方不熟悉，

唯一的交集就是公事（開會、跑活動、出差等）。

但如果操之過急，不但對方壓力大，更會讓流言蜚語充斥辦公場域，造成氣氛尷尬甚至被有心人盯上（別小看茶水間的威力）。

八字還沒一撇的戀情（其實根本也還稱不上戀情），最怕被亂傳八卦，即使對方原本有那麼一絲好感，也會因不想節外生枝惹麻煩而主動拉開距離。

當你用公務來開場，但對方回應冷淡時，切勿不斷追問或善意提醒。

若真的是緊急公事，直接針對事進行討論，並透過設定 deadline、盡量在辦公區域搞定等方法公私分明。

若對方還算積極與你討論公事，接下來目標則是將話題轉到私事，否則你永遠只是個同事而非朋友，更遑論列入交往考慮清單中。

☕ 正確解法

很多人聊公事頭頭是道、條理分明，但一聊到私事，就直接當機給你看。

「要聊什麼才不會怪？」
「突然聊自己的事會不會很刻意？」

「什麼時機點聊私事，才不會被當成薪水小倫？」

如何不著痕跡把話題轉移到私聊？相信這些都是你的疑問。

策略1：談公事前的暖身時間

別一坐下來就正經八百討論公務，先來點寒暄關心吧：

「嘿，連假過得如何？」
「我上週中秋烤肉吃超飽！」
「今天怎麼突然變冷了？」

不但為之後的討論做點暖身，也能分享自己、蒐集對方資訊。

策略2：刻意製造私聊zone

例如討論公事過程中，跑廁所、接電話、點飲料等，讓雙方短暫休息、脫離公事，趁機聊其他話題。

討論結束也別急著起身離開，在禮貌性講完「那之後就麻煩妳了，我們下次繼續討論」後，往往是雙方鬆一口氣、將理性大腦關機的時刻，當然也是聊私事的好時機。

若說公務、私聊兩者黑白分明，**那麼與工作有關，但比較輕鬆的灰色話題，便是由公務轉到私聊的好橋樑。**

這類話題往往能引發對方好奇、激起想聊天的興趣，而且你們既然同屬一間公司，從工作相關故事切入，就可以簡單地顯得自然又不刻意，例如：

「我日前出差到台中住宿，晚上透過外送平台吃到很棒的消夜。」

「最近外送真的很紅，你有用過嗎？」

「那妳叫過最雷的是哪家？我要記起來。」

「我之前第一次點餐，吃到這輩子最雷的鹹酥雞！」

聊聊喜歡的消夜、小吃、美食類型、用餐經驗等。

或是例如聊尾牙，自己連續三年都沒抽到獎。

「上份工作倒是中過大獎，你猜是什麼？」

「那妳尾牙中過什麼獎嗎？」

「我們部門同事去年抽到iPhone咧！」

這樣續聊獎品故事（使用或脫手過程）、彼此用的手機

（廠牌、使用經驗，例如覺得拍照很棒，秀出照片並分享故事）、轉換工作的心路歷程等。

策略4：把對方當成年人

不少人受到動畫、偶像劇的影響，抱有關心照顧、默默守護，就能讓對方感動而愛上我的幻想。

但事實上，雙方不熟卻提供過多關心（例如新聞中「抱歉沒有照顧妳回家」「路上小心」等訊息），不但造成壓力，還容易讓對方出現「是覺得我沒有能力嗎？」「把我當小孩子嗎？」的負面想法。

想玩呵護女孩的大哥哥那套，請先讓對方對你有好感，否則容易造成反效果。

地雷二：送東西的策略錯誤

報導中另有一段，男生傳訊詢問「有沒有在辦公室」，接著說要「送個柚子過去」。

送東西對於感情升溫是否有幫助？有的，前提是策略要用對。

在雙方還不熟的階段，例如剛接觸了新來的後輩，或碰巧跟某位同事負責同個case而有交集，太刻意送禮對方會陷入不

知該不該收的窘境。為避免尷尬、被說閒話，當然會想主動疏遠。

甚至遇過幾位母胎單身而前來諮詢的男生，可能被古早的戀愛遊戲影響，誤以為送禮＝增加好感度，在辦公室找尋諸多理由就是要送東西。

尤其遇到特殊節日（聖誕、七夕、對方生日）還誤以為有加成效果，特地精心準備小禮物，結果自然都是被打槍。

好一點的已讀不回、遇到當沒看到，慘一點則被對方警告再糾纏就要向公司提出申訴。

策略1：送禮愈自然愈好

夠自然，對方不易有壓力或戒心，或許還覺得你很貼心，**這其中的訣竅就是「順便」兩字。**

例如出差或旅遊的伴手禮、客戶送的東西吃不完、自己單位團購不小心買太多等。

策略2：不要只送目標一人

照上述策略，那麼「親戚送了一堆柚子吃不完，所以送妳」或「帶家人出國玩，順便買了伴手禮給妳」應該很可以了吧？

如果你們的互動已經跳脫普通同事，進階到偶爾會聊私

事的朋友，甚至單獨約會的伴侶候選人，這種送法當然沒問題。

但如果還停留在同事階段，只送對方東西，仍然很容易製造壓力被婉拒。這時與其只送她東西，乾脆人人有獎吧！

大家都有小禮物，但她拿到的偏偏特別了一點（真的只能一點，別做過頭），或是除了跟其他人拿到一樣的，私下加碼給她一個小東西（真的只能小東西，別太誇張），都能營造自然送禮、自在收禮、自動升溫的正向效果。

☺ 提醒：辦公室戀情更要步步為營。近水樓臺未必先得月，弄不好自己還可能被加進黑名單、影響職涯發展。

「循序漸進、勿給壓力」是追求同事的八字箴言，寧可果斷放棄殺出，也不要搞到人仰馬翻、壞名聲遠播！

管道三：
嘗試搭訕不用怕，
開創人際新天地

靠自己認識新對象，除了同事或同學，還有什麼方法？當然有，就是許多兩性教練喜歡講的「搭訕」。

搭訕的確是認識新對象的好方法，方式可分為下面三種：

陌生搭訕（推薦指數☆☆）

也就是俗稱的街頭搭訕（街搭）、直接搭訕，對象是陌生的路人。

雖然很多教練在教，網路文章或影片也常鼓勵男生上街搭訕，但受文化影響，這種模式在台灣接受度其實不高、成功率也低，通常只能採取亂槍打鳥、以量取勝策略。即使要到聯繫方式，後續能互動的機率也差強人意。

這種方式對於訓練膽量頗有幫助，但建議新手不要急著嘗試，以免挫折過高反而影響自信。

情境搭訕（推薦指數☆☆☆☆☆）

也指在「某個場域或環境，在與對方有某種交集」的前提下搭訕，例如餐廳、書店、飲料攤、便利超商店員，或是銀行行員、信用卡推銷員等。

對於多數人或新手來說，這是比較輕鬆，成功機率也較高的策略。這樣貼近一般人際互動模式的搭訕法，既好上手又容易持續聯繫。

間接搭訕（推薦指數☆☆☆☆☆）

結合上述兩種，在某個自然情境下，向陌生人搭訕，例如演唱會、某個講座或活動、補習班、展覽，甚至排隊時，和附近的人搭話。

這也是成功率較高的模式，**最大優勢是容易找話題開場而不需硬套公式、避免氣氛尷尬**。之前曾有來參加我講座的成員，向附近的另位成員搭訕，最後兩人成功交往的例子（現學現用的最佳代表）。

如果你生活圈實在太小，沒什麼機會認識新對象，那「情境搭訕」與「間接搭訕」是可以多加琢磨的管道。這類型的搭訕要成功，有三個關鍵：

關鍵一：不要急著要LINE

搭訕的核心原則，是**要到LINE不是最重要的事**。

乍看是不是黑人問號？

不要LINE怎麼聯絡？茫茫人海如何再次相遇呢？嘿，我們當然還是要LINE，但那是順勢而為的結果，而非搭訕過程中的主要戲份。

若你沒有建立初步關係、無法讓對方產生好奇與好印象，即使她勉強給你LINE（為了脫身或打發你），離開後也不會回應。

這種俗稱「冷號❶」，頂多拿來跟朋友炫耀自己要到妹子的LINE，但下面呢？下面沒有了。

而且以情境搭訕來說，你們相遇的場合，可能是對方的上班地點，她的心態處於工作中，沒來由就直接要LINE，容易讓人感到突兀甚至感到有壓力、不自在。這種情況下對方要嘛給你冷號，要嘛草草回絕然後避開你。如果你硬纏著對方，結局往往是「警察先生，就是那個人！」（抖）

---

❶ 撩妹理論的專有名詞，指「不會得到後續回應的號碼」，包括電話、LINE或email。對方要嘛不回覆，要嘛直接加黑名單封鎖，沒有聯繫效果。與之相反的是「熱號」。

正確解法

要如何拿到「熱號」，也就是會有回應的LINE呢？一定要記住這句話：**先互動建立關係，要LINE只是順便**。

有別於許多街搭愛套公式開場，**情境搭訕的開場要找尋與當下脈絡有關的話題**，若以台灣密集度超高的便利超商為例，打算買午餐的你看見新來的店員，清新中長髮讓你驚為天人，怎麼辦呢？

此時我方可以先拿個微波食品，自然地開啟話題：

「這個好像是新出的？」
「偷偷問，妳覺得好吃嗎？」

☺ 支線一

對方：「我沒吃過欸。」

我方：「那我來當白老鼠吃吃看！」
　　　「我滿愛吃妳們家的便當。」

☺ 支線二

對方：「有喔，我覺得好吃～」

我方：「哈哈衝著妳說好吃，我也來試試看！」

對方：「有喔，我覺得不怎樣……」

我方：「好險妳有跟我說，那有推薦的嗎？」

☕ 關鍵二：不要占用太多時間（干擾工作）

街搭以量取勝、講求效率，所以會盡快取得聯繫方式（對象多是路人，可能正要去某地，無法停留太久）。

然而，情境搭訕的對象大多是店員，意即對方當下處於工作狀態，不會立即離開現場，雖然你有較多時間建立關係，但不代表你可以「拖」住對方。畢竟店裡還有其他同事、主管或監視器，別當他們塑膠啊。

如果因為你硬要跟對方聊天，讓她被同事講閒話，或遭主管責備，相信也不是你樂見的。且若是真的發生，保證她刻意避開你。

正確解法

前面提到對方在這裡工作，**代表你有機會再次遇到她**，實在不用像街頭搭訕那種一期一會，把握當下而過度積極。反之，你可以拉長戰線，不必急於一時。

你要做的，是**讓對方留下好印象**，覺得你是位nice的客人，有禮貌、每次會開聊幾句，讓她在枯燥的上班時間有個放鬆

有趣的片刻。

如果搭訕對象在你常去的店，那「少量多餐」的互動，反而能達到溫水煮青蛙的效果。

有遇到時就聊個幾句，店裡情況、天氣、節慶、新聞時事等都是實用的開場哏，若對方有接，再稍微延伸分享自己的故事或糗事。

若是你有正當理由停留較久，你可以在當次就進行「少量多餐」策略。

例如用餐，而對方是外場服務員，你自然可以在點菜、送餐，甚至結帳這些時機點都聊個幾句，只要當次的互動就熱絡，自然就能要到LINE。

同樣的場合還有服飾店，挑選衣服、請對方推薦、試穿、結帳，甚至修改丈量都是聊天機會。

反之，在短暫停留的場合，例如便利商店、飲料店，則可透過多去幾次增加互動。

要留意的是銀行，雖然對方在幫你處理事情時，可能會花較多時間，但這場合跟商店或飲料店比較相似。

銀行行員在辦事時，很難同時一直跟你講話（數字相關的工作，得聚精會神）。如果你在對方處理金錢時硬要跟她聊，其實也是干擾工作。

☕ 關鍵三：不要在其他人面前要LINE

當你透過「少量多餐」與搭訕對象展開接觸，且她也對你有印象後，很多人認為時機成熟而急著要LINE，卻往往被打槍，不知道自己怎麼死的。

通常這是因為你沒留意到當下「是否有其他人在場」。

職場中最麻煩，卻也最不缺的就是八卦流言，你當著對方的同事或其他客人面前要LINE，擺明要讓她覺得尷尬。

相信我，多數人被搭訕、被要LINE雖然會覺得開心，但只想讓信任或熟悉的朋友知道，而不希望被昭告天下。

正確解法

你應該盡量製造別人聽不到，或別人不會注意，可以跟對方一對一的情境。

例如對方是店員，你可以請他幫忙找或推薦東西，如果當次實在沒這機會，她的同事一直在附近，或對方無法離開目前位子，那不必勉強要LINE。前面說了，與其急著要聯繫，不如持續留下好印象。

另一重點，當關係建立後跟對方要LINE時，不要畏畏縮縮、怕東怕西。

「呃，不好意思，那個，我方便加妳的LINE嗎？」這種問

法反而讓對方跟著不自在起來。

當你覺得要LINE這件事很怪、不好意思，或是覺得打擾到她，那就真的會給人這種感受。

因此，你反而要用自信的肯定句：

「嘿，那我們交換一下LINE好了。」

「哈哈，跟妳聊真的很有趣，加個LINE吧。」

「想不到妳也喜歡○○○，妳加一下我的LINE，我傳照片給妳。」

☺ 提醒：明明前面互動不錯，也找了一對一的時機，要LINE卻被婉拒怎麼辦？這可以分為「判斷失誤」與「現實限制」兩種。

「判斷失誤」是指兩人的聊得很來，其實是你自己的錯覺而已，對方並不覺得。對啦，就是自我感覺良好的意思。

或者她只是客套回話（如果對方幾乎不會主動提問或分享自己，只是單純回答：「嗯嗯」「是喔」的話，就屬於這種）。

遇到這情況，你得回想一下之前的聊天，是否不自然、很無趣或給人壓力？並進一步調整，重新再互動，看能否製造好印象。

「現實限制」則指，對方工作上有規定不能與顧客私下聯繫，而非她本人不想。這種情況比較好解決，持續你們的良好互動，讓對方想聯絡的意願高過對規定的擔心。

　　同時，你要提供解決方法，例如開玩笑：「哈哈那我寫在紙巾上，然後『不小心』留在桌上，妳『剛剛好撿到』。這就當我們倆的秘密囉，放心，我嘴巴很緊的。」

管道四：
聯誼開發潛在股，
高效提升互動能力

學生時期，不論你想認識同性或異性朋友，都有大量的活動可以達到這目的：社團、系隊、營隊、校內外活動等，認真參與可說處處有機會。

但出社會後，不再有俯拾即是的活動可參加，還可能受工作型態影響（高工時、輪班），我們得妥善運用時間，一切朝高效率思考。

開宗明義，**要幫你認識新對象的聯誼，就是這種背景下出現的特殊活動。**

聯誼的特性是，你一次可接觸多人，且大家已有共識是來找潛在對象，具有共同目的與期待。加上聯誼通常會設計活動、安排主持人炒熱氣氛，有助於互動過程更加自然。

簡單來說，聯誼是適合多數上班族突破現有人際圈、快速認識大量對象的管道，這聽起來是不是好棒棒？好聯誼，不參加嗎？

聯誼的四種類型

目前常見的聯誼可略分為四種：

☕ 一、換桌聯誼Speed Dating

較傳統的聯誼模式，通常男女面對面各坐一排，你會與對面那位成員單獨、快速聊三至五分鐘，接著聽從主持人指示移動到隔壁，與對面另一位成員重新開始聊三至五分鐘，依此類推，直到所有人都輪過一遍而止。

我常開玩笑將其稱之為「生產線聯誼」，**優點是快速認識較多人，缺點則是互動表淺、難以留下印象，容易淪為面試。**

☕ 二、分組聯誼 Group Dating

算是換桌聯誼的改良版，一桌會有四到六人，通常不超過八人，且男女比例相近。

讓整桌的成員互動十五至三十分鐘，再打散換到另一桌，與不同的成員聊天。

有些主持人會設定主題，例如分享最難忘的旅遊經驗、最愛的一部電影等，因為人數與心理諮商的團體治療相當，我稱之為「小團體聯誼」。

優點是彼此可以聊得比較多、比較深入，且減緩一對一互動的緊張或尷尬；缺點是若不擅長「跟一堆人」講話，可能淪為團體的邊緣人。

三、主題聯誼 Theme Dating

主辦單位先設定了主題，講白點就是限制了報名條件。

傳統的多用背景條件（收入、職業、資產、外型）來分類，例如三師聯誼、百大科技廠、公教優質男女聯誼、有房男孩、身高175等。

但近年來也有從興趣、特質切入的主題，例如旅遊咖聯誼、愛運動聯誼、動漫同好聯誼等。我看過最有哏的，是七日戀人的魯蛇聯誼與智性戀聯誼，前者報名時要列舉自認為魯蛇的理由，後者則要說明有什麼事蹟，能證明自己是個聰明有智慧的傢伙，通過主辦單位認可後才能參加。

優點是能明確知道會遇到的對象類型，可依照自己設定的理想條件選擇場次；缺點則是可能會有先入為主的刻板印象，且傳統的主題分類（收入、職業、資產、身高），容易給人被擺在市場論斤秤兩的感受。

☕ 四、活動式聯誼 Game Dating

這類聯誼結合活動，淡化聯誼的色彩，例如陽明山採海芋、九份老街喝茶，成員一起到某個景點旅遊，在主持人帶領遊戲的過程，加深與其他人的認識。

近年來也不只戶外旅遊，活動內容愈來愈多元，例如我自己曾辦過桌遊聯誼、棒賽聯誼，也與「約會專家」婚戀平台合作過遊艇趴聯誼、內灣螢火蟲聯誼等，過程很有趣（自己順便玩的概念），本很厚的人甚至可以在疫情穩定後試試海外旅遊聯誼。

優點是能以自然的方式拉近成員距離，就算沒配對到也能成為旅遊經驗，豐富生活、增加聊天話題；缺點是通常費用較高（看去哪玩、玩些什麼）。

這四種聯誼模式並非涇渭分明、絕對迥異，而是可能交互參雜，偶有融合。

例如運動聯誼的主題，進行方式以分組進行，但主持人引導大家聊的內容，會圍繞在運動相關。

至於哪一種有效果？得看你的個性、習慣與主辦單位的規畫，若你從沒參加過聯誼，不妨都試試看，從中找到自己最擅長的主場。

聯誼的兩大黃金準則

那麼，參加聯誼該留意什麼呢？畢竟心理學告訴我們，認知與信念會直接影響後續的行為，請務必將兩個準則牢記於心。

黃金準則一：主動，主動，還是主動

聯誼通常會有一些暖身橋段，幫參加者認識彼此，但說到底還是你必須打開話匣子！而且不是主持人一聲令下，大家開始聊天才與人互動，**決勝點其實從你踏入活動場地就開始啦！**

聯誼中那些容易配對成功的高手，往往提早報到入座，並與同桌的人打招呼、寒暄、簡單介紹自己。

「哈囉，我是瑪那熊，是一位心理師。怎麼稱呼呢？」

「剛才我從板橋開過來超塞……妳怎麼來的呢？」

「其實我第一次參加他們辦的聯誼，有朋友推薦，他跟女友還真的是在聯誼認識的。」

注意，這時的寒暄是一種表淺的閒聊，也就是暖身。所以你的自我介紹與提問，不需要非常完整或冗長，請將目標

放在**找尋共通點**。因此你的提問可以配合話題，善用「妳也……嗎？」比如：

「我剛才轉了兩條線的捷運才到，妳也是搭捷運來的嗎？」

「這附近有家日式料理○○○很好吃，妳聽過嗎？」

「這活動是我朋友偷偷幫我報名的，妳該不會也是被朋友拐來的？」

參加聯誼要把握的零碎時間，除了活動開始前，還包括中間穿插的休息時間：

「我覺得主持人蠻屬害的，剛才……」

「我覺得這家的薯條很好吃欸，跟之前吃過一家很棒的美式餐廳蠻像的。」

「妳剛才說的○○○蠻有趣的，讓我想到……」

總之，建議各位盡量主動與人接觸，千萬不要抱著有人會幫我牽線、等對方自己跟我說話的消極心態。

如果活動前、中場休息對方不太回應我怎麼辦？沒關係，那就識相但禮貌地結束話題，找其他人互動吧！

最最最NG的行為，就是自顧自低著頭滑手機！不但放棄了主動創造互動的機會，還像是在額頭貼上「請大家不要來煩我」以及「我沒有想認識你」的標籤！

聯誼提供了機會讓我們認識別人，主持人雖然會做球，但你才是主角！即便是在這樣場合，仍要切記靠自己才是最實在的。

另外，也別想著「我一定要在聯誼中交到女友」。這種想法會大量增加你的焦慮感，讓你更不想跟別人互動（怕被打槍、被拒絕）。請當成是來認識不同領域的朋友，而且不限男女！

黃金準則二：互動比交換聯絡方式重要

我曾擔任戶外聯誼的主持人之一，那是場結合實境解謎遊戲的大型活動，所有成員被分到不同隊伍，以團隊合作的方式進行。

我帶的那隊有位成員，令我印象非常深刻：他一開始就被抽到擔任隊長，這其實是個好機會（分配工作、帶領團隊、展現領導力），但整場下來他的參與度卻很低，大家在討論時不但沒什麼互動，甚至保持距離一副在旁看戲的樣子。

我不只一次鼓勵（也算是提醒），多跟大家一起玩，但他始終興趣缺缺，不想融入。

活動結束，大家逐漸散去後，這位老兄興高采烈跟我說，他要到隊上兩位正妹的LINE。

「呃，So what？」是我心裡出現的第一句話。這種要到的號碼只會是「冷號」，果然這兩位妹子後來也沒加他好友，讓這男生白歡喜。

為什麼？因為他在過程中別說讓對方留下印象，很高機率可能是負面印象（孤僻、不合群、聊不來、好像怪怪的），即使拿到號碼，也毫無興趣建立聯繫，更遑論後續的互動！

製造良好互動才是聯誼的重點，而不是去收集女性的LINE、IG！

必備武器：外在形象、自我介紹

上面我們聊了聯誼的好處與類型，以及兩個重要準則。但事實上我從事約會顧問這幾年來，也當過不少聯誼活動的主持或工作人員。

觀察各種類型的參與者後，我要告訴你一個實話：要透過聯誼脫單，得看你是否掌握了幾個關鍵。

接下來，我會詳細解析「一直被打槍、屢戰屢敗到懷疑人生」與「總是成為焦點、carry全場的高手」兩者差異所在，幫你有效提升聯誼配對的成功率。

花了大把金錢、時間參加聯誼，卻不斷鎩羽而歸的人，共同特點往往是：**一切隨緣，等著別人來跟他講話；或是都是they的錯，自己沒責任。**

　　在某場聯誼活動中，有位男生背景不差，但整場幾乎不講話，即使在旅行故事分享活動，他也只用三句話就結束自己回合。

　　不意外地，最後這位老兄沒有配對成功，事實上也沒有女性選擇他；活動結束隔天，他向主辦單位抱怨，覺得活動流程有問題、主持人不專業。

　　當我們進一步詢問後，他說：「主持人應該要主動向Erica（他最想認識的對象）介紹我，幫我們牽線啊，不然我要怎麼認識她？」

　　抱怨到最後，這位已經30多歲的先生甚至說出「我覺得你們活動的女生都蠻怪的，愛理不理的」這樣的話。

　　主辦單位打算將這位老兄轉介給我，由我進行一次諮詢，幫他找出盲點、給予建議，但他堅持不要，認為自己條件好、沒有什麼需要調整的。

　　據我所知，他後來又參加了兩次聯誼，想當然爾都是空手而回。究其原因，他不但沒有遵守前述的兩大準則，更不想為聯誼做任何準備，當然效果不彰。

　　因此，各位要參加聯誼時，務必要做好準備，不要放空來

參加。絕對別腦袋空白、剛睡醒就直接跑去，幻想著隨緣就能脫單。浪費金錢也就算了，白白花掉寶貴的時間與緣分，甚至飽受挫折打擊自信，才是最可惜的事情。

情場如戰場，所謂多算勝，少算不勝，而況無算乎。

那麼，要準備什麼呢？內（自我介紹）與外（個人形象）缺一不可，同時兼具才能大幅提升你的脫單機率。

🍵 外在形象

前面我們有提到，穿著、髮型、膚況、衛生習慣都是你可以掌握的細節。

我上一本書《一開口撩人又聊心》裡，也曾提到參加社交活動或約會時，就像一位騎士要出征，必須在行前準備好自己的盔甲。

雖然在許多報章雜誌、部落客與YouTuber的鼓吹下，已經有愈來愈多人瞭解外在形象的重要。　、

然而受過去忽略美學教育，以及實用主義影響，非常多男生對打理外型仍然抱著懷疑、不在乎的態度；甚至我還遇過少數男生，聽聞「外在能幫助脫單」就嗤之以鼻：

「笑死，有錢才是王道啦！」

「屁孩才重視穿著，成熟的男性靠內涵！」

「賈伯斯還不是都只穿高領毛衣？」

「還有臉書創辦人什麼柏的，也都只穿T恤啊！」

　　雖然聯誼活動中，即使是互動最短的換桌聯誼，也至少能與對方互動三分鐘，外在形象的影響力仍不容小覷。

　　曾有聯誼地點在裝潢與餐點都有一定水準的餐廳，結果有男生穿運動褲、慢跑鞋就跑來，其實非常不恰當。

　　請務必拋下外在不重要的固有觀念，聯誼前做好外型準備吧！（詳細技巧請見上一章）

自我介紹

　　聯誼活動的對象，因為多為初次見面，雙方認識如同一張白紙。時間有限加上人數眾多，我們得迅速讓對方對你產生好印象，甚至勾起她的興趣、想跟你多聊多認識。

　　老話說「好的開始是成功的一半」，還真有其道理，一段合適的自我介紹，就能達到以上的效果。

　　在《一開口撩人又聊心》中，我稱之為「人際履歷」，面對不同對象、情境，我們的人際履歷（自我介紹）需要有所調整。

「哈囉，我是Alex，目前是公職人員，在○○市政府的○○部門工作，年資六年。大學是念○大的○○系，玩過熱舞社，打過系籃，平常興趣是看體育賽事、攝影。」

這樣的自我介紹看似中規中矩，但有兩個缺點：

缺點一：太像面試，氣氛拘謹

因為這自我介紹是由許多資訊堆疊而成，過於表淺、難以留下深刻印象。

要知道對方今天會接觸十來位對象，不是每個人的記憶力都這麼好，若她又是個容易臉盲的人，保證換桌後就忘了你是誰。

· 正確解法：建議「重質不重量」。

不用一股腦地條列出自己所有背景，而是提幾個後特別針對某項目多講一些。例如「喜歡攝影，特別是星空，偶爾會趁週五衝山上露營，順便拍星星。」

缺點二：浪費了可深聊的話題

用這種自我介紹，很容易讓對方也比照辦理，雙方都快速將自己背景run一遍後，要嘛開始一問一答、互相拷問，要嘛開始沉默，腦中出現「糟了糟了，再來要聊什麼」的聲音。

．**正確解法**：建議在自我介紹加入一小段故事，例如「像這張就是上個月去武嶺拍的，那天在山下天氣很差，想不到開到武嶺竟然沒什麼雲霧。」並秀出照片與對方分享。

接著還可續聊武嶺、南投、在地美食、其他露營經驗、開車趣事等。

團體聊天的盲點

聯誼有別於一對一約會，團體互動往往整個活動最多時間，也是能否成功配對的主軸。

在多人聊天情境，很常見的NG行為有五個：

☕ NG一：話太少

我見過不少參加聯誼成員，因為沒有做好準備，加上臨場緊張，會非常快速句點。

例如快速唸過：「我叫瑪那熊，工作是心理師，喜歡逛街、旅行。很高興認識大家。」然後就下面一位。

這種情況特別會發生在「向團體介紹自己」時，很多人以為反正等下還有機會互動，或是只想跟有興趣的對象講話。

這是非常錯誤的作法，因為大家在一場聯誼會接觸到很多人，所以你必須運用任何機會，創造好印象。

NG二：話太多

另一個極端，是講過頭了。在大團體，也就是所有參加者輪流介紹自己時，每個人被分到的時間有限，一般來說一分鐘左右即可。

分組後的小團體（六人以內）則可延長至二分鐘左右。試想若你一個人就講了三、五分鐘，不但拖長整個活動流程，還容易讓別人產生出自我中心、不懂得體諒別人的負面印象，弄巧成拙。

即使是一對一的換桌聯誼，因為每一輪的時間很短（三至五分鐘），若當你滔滔不絕講完自己的事，就已經要換下一輪，可想而知對方的感受一定很差。

NG三：畏畏縮縮

我當然知道，不是每個人都擅長社交，也非所有人都是外向活潑。事實上在聯誼中，你也沒有必要刻意一直講話，或用誇張的肢體來展現自己。

然而如果過於緊張退縮，整場都不講話、過於被動消極（也就是上一章所說，只想等別人來敲門），別說吸引對方，連讓別人認識你都有困難啊！

要避免給人畏縮觀感，甚至反過來營造自信、親切的印

象，你可以在講話時運用兩個技巧：

1.講話聲音不能過小

要讓離你最遠／對角線的成員也能清楚聽到聲音。

若你的音量只能讓旁邊的人聽到，那距離較遠的成員會開始放空；更別說聲音太小，**往往給人沒自信的負面印象**。

要知道音量是否合適，你不妨觀察成員的身體動作來評估：若對方身體不斷前傾，或露出困惑的表情，很高機率你是講給螞蟻聽的。

2.眼神平均分給大家

雖然是在團體中聊天，但只要我們一緊張，就容易直直看著眼前的人，彷彿其他人都是空氣。

記得在說話時，提醒自己輪流看向每位成員，讓大家知道你是跟所有人分享，而不只有眼前那位。緩慢地將眼神掃過所有成員，氣定神閒與大家眼神接觸，便能散發穩重、親切的特質！

以上兩招不只在聯誼可用，生活中只要是跟一群人講話，都可以多加運用（並當成練習）。看似簡單的方法，卻能有效增加你的人際能力與魅力！

NG四：目標太明顯

在某場營隊中，有個成員對同隊的女性一見鍾情，幾天的活動不斷獻殷勤、找機會跟對方講話，對其他隊員與活動愛理不理、極盡敷衍。結果不但女主角感到很尷尬、刻意保持距離，其他隊員也覺得這人好怪。

聯誼同樣要避免太快鎖定單一對象，非常積極跟對方互動，當其他人不存在，保證讓大家偷翻白眼，心裡murmur「當我們塑膠膩？」

一開始就把自己束縛在單一對象，不但容易讓互動氣氛變差，自己也綁手綁腳。

NG五：男女大小眼

雖然我們心知肚明，來聯誼最終目的，就是希望找到合適對象，進一步發展、甚至脫單。罷特，你又不能做得太過明顯，要避免擺出「我只想跟妹子講話，男的別來吵我」的樣子。

我就真見過聯誼中有人跟同桌女孩兒聊天聊得口沫橫飛、眉飛色舞，但換其他男性成員講話時立刻面無表情、開始放空，甚至滑起手機。

其實，聯誼能認識約會對象當然最好，但它同時也是拓展

人際圈、增加生活故事與聊天話題的絕佳管道。

不少男生很容易把其他男性成員視為對手、敵人，覺得旁邊辣個男的是來跟自己「搶」妹子的，但這種競爭心態，只會讓你的格局縮小，錯失拓展人脈的機會。

當麥克風輪到其他男生時，反而是你散發魅力的時候。不是只有鎂光燈焦點的人，才有表現機會，善於聆聽往往給人親切、好相處的印象。

心理學有許多研究證實，**親和力是人際與情場的關鍵吸引特質**，讓大家覺得你好相處，才是成為人氣王的關鍵！

主角輪流當，反而更有吸引力

要在團體中給別人好印象，絕非不停show off自己多強（一年出國玩三次、上週吃了無菜單料理、剛買了昂貴精品、投資又賺了多少等）。

當成功拿到麥克風（接話或主動開話題），大家目光集中過來時，那些自大但其實內心沒自信的人，會很沉溺在這一刻，用眾人的關注來證明自己很強、幻想自己有領袖魅力。

只要陷入這種狀態，就會滔滔不絕一直嘴，深怕大家的目光不再聚焦於他身上。比如愈扯愈多講不停，或用誇張表情、刻意的肢體語言不斷表演。

眞正的高手在大家聽他說話時，除了分享故事，還會適時將麥克風交出去，而非霸占著一直講。更細來說，當我們講話時會有兩種狀況：

狀況一：
某個成員主動接你的話，延伸到屬於他的故事

這時我們絕對不要急著又聊回你自己，而是不妨暫時換對方當主角，自己成爲輔助擔當的配角。

除了專心聆聽，你還可以抱持好奇心提問，讓對方繼續分享。當然，你還是可以補充自己的故事，但不要強迫大家只能聽你的故事。

不需要擔心你的風采被別人搶走，互動就是有來有往、輪流分享。

情況二：
大家對你的故事好奇、不斷發問，讓你分享愈來愈多

此時千萬別志得意滿，覺得自己已經carry全場，等會兒就能後宮選妃。在氣氛最熱絡的時候，正是對人性最大的考驗。有些PUA或撩妹理論，認爲「男性就應該充滿男子氣概」，高價值、領袖魅力、出鋒頭成爲焦點等特質深受他們推崇，並認爲能因此脫單。

然而，當你過嗨講不停、捨不得交出麥克風時，就會壓縮了其他人的分享時間，甚至將所有人當成配角。

各位，**沒有人想一直被忽略、當邊緣人**。你總是想當主角的行為，在其他人（包括你想認識的對象）眼中，很容易被貼上「自我中心、自大、只想到自己、自我感覺良好、自以為是、缺乏人際sense」等負面標籤。

真正高手會在這時主動遞出麥克風，讓其他人也有機會講話：

「對啊，那個櫻花海真的美翻，大家今年有去哪看櫻花嗎？」

「總之那趟旅行實在很棒。欸，Alice 妳剛才不是說也有去日本玩嗎？如何？」

「說到烤肉，乾脆我們來約一攤啦！大家最近有空嗎？」

你不是這些人的主管，也不是團體中的唯一主角，而是其中的一份子。這些發問可以製造更多互動，讓大家「聊起來」而非「單純聽你講話」。

這在心理學上，叫做**促進團體動力**，也就是增加大家的凝聚力、歸屬感。

真正具有領袖魅力的人，其實不會只顧自己的風采，而會

默默讓整個團體流動，卻不會明講。若能做到這點，代表你擁有一個強大心態：**聚會的主角是整個團體，而非個人！**

當大家覺得互動順暢，會將好心情與團體（當然也包括促成這個局面的你）做連結，從情感面對你留下好印象。這比扮演光鮮亮麗、想盡辦法掌握話語權的雄性領袖有效太多了。

可惜很多人喜歡當厲害的主角，也許是受到偏激男性主義觀點的撩妹理論影響，又或者眾人的注目、讚嘆與羨慕眼神實在太容易讓人迷失。不可不慎啊！

善用團體動力，增添個人魅力

前面稍微提到促進團體動力的妙用，其核心就是「想辦法讓團體的互動更好」，或我喜歡用大仲馬小說《三劍客》中的名言「我為人人，人人為我」來形容。

在不要霸占麥克風，讓大家都有機會講話的原則下，你可以盡量觀察每位成員的狀態，並做出相對應的行動。

情況一

若發現有人話比較少，你可以刻意cue對方，讓這位成員有機會多講點話，幫助大家更認識他。

這麼一來，不只這位成員會覺得你很nice、將他從邊緣拉進團體，其他人際敏銳度高的成員也會對你有好印象。

☕ 情況二

若有某個成員滔滔不絕、沉浸在自己的小世界中，因應方式則是接球阻斷、傳給大家（當然，活動後推薦他買我的書來看，也是好方法）。

例如這位老兄一直講自己環島旅行的事情，你可以抓空擋接一句：

> 「聽起來真的滿有趣欸，大家也有環島過嗎？」
> 「你剛才說的清境農場感覺很棒欸，大家也去過嗎？」

先接對方的話，再問大家是否有類似經驗，客氣地將麥克風從他手上拿走，傳給其他人。

促進團體動力算是高階技巧，當你愈來愈擅長分享、傾聽等基本功後，不妨在日常社交聚會、與同事朋友聊天時練習。對於提升聯誼配對率，甚至成為人氣王，非常有幫助！

管道五：
交友軟體超便利，
小心背後藏風險

出社會後，擴大交友圈的新選擇

在撰寫這本書時，新冠病毒正如火如荼地肆虐全世界。

雖然台灣的防疫成效有目共睹，但仍造成人心惶惶，許多人減少非必要社交活動，甚至不太出門或聚餐，但這麼一來，聯誼與搭訕這兩招就較難發揮功效。

我觀察到這段時間，有不少人轉往交友軟體的懷抱，期待不需見面也能認識新對象。

其實交友軟體的出現與發展，早在疫情前就如雨後春筍出現了。廣義來說，還包括了交友網站、聊天室（勾起大家的青春回憶了嗎？）

但科技實在發展太快，加上人手一支智慧型手機，現在幾乎都被app取代了。

許多人是交友app的愛用者，原因很簡單：因為只要有網

路，整個城市都是你的聯誼場。

它能打破時間、空間限制，讓你可以隨時找尋對象進行聊天互動，不管有無課金都能使用（當然啦，通常有課金 a.k.a. 花錢成爲會員，能提升配對率）。

不得不說，交友app是你出社會後非常好用的工具，畢竟離開校園後，少了社團、營隊、通識課、外系課、校內校際活動的加持，要認識到新的約會對象，難度就相對提高了不少。

這時，交友app就是你很好的選擇。它彷彿一個巨大漁場，讓你能認識海量的女性，也因爲便利性與大眾普遍接受度高，近幾年來交友app多如繁星，讓人難以抉擇。

我建議以兩個指標來選擇，好達到集中火力的效果：

指標一：自由度高

你可以呈現的資料較多，例如照片數量、自我介紹精細度、能否連結社群網站（IG或FB）等。

台灣人廣泛使用的FB與IG就是自由度高的代表，可在個人頁面分享文字、圖片甚至影片，讓別人更認識我們。

自由度高的好處在於你能分享更多的生活或自己，形塑出具個人特色的樣貌，來吸引對方願意互動。

指標二：新奇有趣

最傳統交友軟體，不外乎放幾張自己照片，並同樣用照片篩選別人。這種模式雖然簡單好懂，但往往只能用極少的資訊來決定是否選對方（或被選）。

於是，許多有創意的交友app開始出現，若你喜歡嚐鮮、有追流行的習慣，這類app很可能是較大漁場，你能在此找到更多的對象。

此外，有些新的交友app並非強調愛情，而是打著擴大生活圈、延伸人際圈的招牌。雖說大部分使用的人仍以找尋約會對象為主（大家心照不宣），但這種氛圍會讓一開始的互動較為輕鬆，反正就先交個朋友嘛！

這麼聽起來，交友app真的是很方便的科技產物，也的確能讓我們接觸更多對象，但使用前，我強烈建議你先建立兩個觀念：

觀念一：得失心勿太重

要透過app配對成功，有時很吃運氣，雖然我會教你如何提升成功率，但在不付費前提下，還是要靠平常多扶老奶奶過馬路做功德。

如果你太執著於趕快用app脫單，很可能要嘛砸太多錢下去，要嘛花太多時間在那邊刷刷刷，即使配對成功，其實滿多都像是冷號，對方未必會熱絡回應。

簡單來說，交友app其實跟陌生搭訕類似：以量取勝，且帶點亂槍打鳥的味道，因此當成遊戲來玩，反而比較輕鬆健康。

觀念二：感情別放太快

網路原本就虛假難辨，對方app呈現出來的樣子，未必是真實的，甚至有可能別有用心。

例如交友app常被詬病的三多：詐騙多、直銷多、騙你付費的機器人多，即使見面，也別一下就全然相信對方。

多互動、多觀察才能看出蛛絲馬跡，別精蟲衝腦而做出蠢決定，失去錢財頂多再賺就有，人身安全與情傷可就需要花費較長時間恢復了。

另一個別太快認真的理由是：你覺得大家玩交友app只會認識一個對象嗎？當然不可能，因此別一下就暈船，認為對方是命中注定的天菜、此生非她不可！

網路常見爛咖的四大警訊

二○二○年底，我受邀參加公視「主題之夜Show」節目，與鄧惠文醫師、蔡惠子律師一起聊網路交友中的陷阱，當天也有位男生Edison現身說法，描述了自己被詐騙的過程。

前面說過，交友app彷彿巨大漁場，雖然讓你能認識眾多妹子，但也因此充斥著瞎咖、爛桃花、怪人、蹭飯仔，甚至詐欺犯。

若你遇到以下幾種狀況，請務必提高警覺，因為非常有可能對方不懷好意、引你入局：

☕ 警訊一：總是沒有正面臉部照

在公視節目分享被騙經歷的Edison，**遇到的狀況就是對方不論在交友app或FB上，都沒有放臉部照片**，多是指拍身體或背影的照片。

這種類型的照片，其實挺適合作為生活照來提高自身價值、引起對方好奇；**但如果所有照片都沒有拍到臉就很可能不單純**。

身為工程師的Edison遇到的騙局就是，跟他互動的妹子根本不存在，對方是個男的。

▒ 警訊二：很正很辣，讓你精蟲衝腦的照片

沒拍臉有危險，有拍臉就能放心互動嗎？很可惜，根據許多新聞以及我接觸過的苦主表示，當你在交友app看到那些顏值很高（小模、網美等級）的女性，同樣得提高警覺。

張無忌的老媽說過，愈漂亮的女人愈不能相信。而且你什麼時候有了正妹會主動跟你配對、想認識你的錯覺？

很多人愛幻想正妹看上自己的情節，但擁有自知之明是確保不會上當的第一步。你的Level在哪，會看上你的妹子Level就在哪。

如果你剛從宅男圈脫離，正在努力提升外在與生活經驗，雖然前景看好但目前尚在70～80分階段，就不要樂觀到認為90分的妹子會莫名想認識你。

我這麼說不是要打擊你的自信，相反地，你只要持續培養個人魅力，加上運用我所教的策略技巧，分數絕對會逐漸攀升，進入90、95，甚至更高的Level。

另外，**詐欺犯也深知男性都愛看正妹的道理**，很可能盜用網美小模照片，一人分飾多角來騙你。畢竟這年代的小模網美多如過江之鯽，你也未必認得出來那是誰（戀愛經驗少的男生容易看到臉正、身材好就暈船了）。

☕ 警訊三：請你轉帳或給她錢

多數詐騙是取得你信任後，來敲你一筆大的，所以詐欺犯前期會跟你互動、培養感情，之後再用各種理由要你掏錢。

什麼家人生病、家人出意外、工作被解雇想創業、希望有人支持我的夢想之類，總之，**在網路認識女性，只要對方提到錢，請務必將警報開到最大。**

各位思考一下，如果你生活急需用錢，你第一個想到誰？應該會是家人、朋友或是老同學吧？應該會是你平常有聯繫且非常信任的人。

開口跟陌生人借錢，你怎麼知道對方會不會因此有把柄，而對你不利？**所以正常人不會跟網友、約會對象或剛交往的對象借錢，除非她擺明沒有想還。**

通常會中這招，說真的是因為天性善良（但單純），加上習慣擔任拯救者的角色，以為自己幫對方愈多，愈能讓感情更穩固。

有心人士也正是抓準了這點（這些詐欺犯根本就是撩男高手，或心理學專家），濫用你的同情心。

警訊四：
不熟就約吃高檔餐廳、明示暗示想要高價品

眞正的詐欺犯是溫水煮青蛙，一開始不會太快凹你（養套殺的概念），但交友app上有些女性，會在不熟時就跟你約高級餐廳（和牛、無菜單料理、單點餐廳），或在言語中透露出「很想要某個東西」，例如最新的iPhone、精品包包或手錶等。

其實這種情況，倒也不能說是詐騙，**因爲從旁觀者角度來看，你是自願買單、贈送。**

我也曾跟律師朋友討論過，通常這狀況事後不但告不成，東西也很難拿回來，除非對方是像警訊三那樣，謊騙某個狀況、虛構某些情境要你給錢。

那爲什麼這些男生會乖乖買單、送禮呢？因爲他們幻想用請客、送禮兩招打天下，但其實這類跪舔行爲，只會讓你在女性心中的價值降低，被歸類爲工具人、騎士團，絕對不會進入認眞交往對象清單中。

正常的女性，幾乎不可能在雙方不熟、甚至沒見過面的狀況下，就要你送高價禮物，因爲她們也怕被貼上「公主」的標籤。

若對方認眞想與你進一步認識、發展後續關係，自然不會

拿石頭砸自己的腳；反過來說，一開始就凹你的女性，極高機率根本也沒想跟你發展下去，只想著能撈就撈、坑一個盤子是一個。反正如果你不爽，她再找另一個盤子就好。

畫重點：怎麼被增加被右滑的機率？

注意上面的四大警訊，能幫助你避開交友的危險。接下來就來說說另一件重要的事：該如何提升配對率？

交友app最重要有兩部分，分別是照片與自我介紹。

☕ 照片：務必慎選，重質也重量

大家玩交友app看到一個妹子，怎麼決定要不要選她？

別騙自己了，各位是不是都看顏值或身材？

事實上，只要這個交友app可以放照片，**代表它被設計成以「user外型」作爲第一關的篩選**。這種類型的app，不管你自我介紹寫再多，都不及照片的巨大影響性。

多數交友app能讓你放複數照片，如果你用的app能放FB或IG連結，且你平常就有認眞經營，那交友app上放個三張照片就夠；如果你不想放IG，或像我刻意將IG當成一個伏筆，刻意留待之後跟對方交換，那app照片建議放好放滿。

從實戰效果來看，你需要準備三種類型照片：

大頭照（封面）

你的臉約占畫面三分之一即可，不要超過二分之一，太大會很驚悚；比起裝神秘遮遮掩掩、擺臭臉想耍帥，**自然微笑是最佳策略**。

交友app上面的人太多，大家又每秒幾十萬上下很忙，因此做選擇幾乎靠直覺。要讓他願意點進來看你資料或其他照片，甚至直接滑向「Like」，第一印象是最重要的關鍵。

許多心理學研究都證實，人類傾向與親和力高的人互動，而你的微笑，就能為你加上親和力的標籤。

除了微笑，你的顏值、膚況、髮型也很重要，善用修圖app微調照片是可以允許的，但別修過頭變成「照騙」，你總不可能之後約會還戴面具吧？何況修太多的臉，看起來也會很怪異。

雖然臉是大頭照的重點，但穿著、配件也不能馬虎。衣領已成荷葉邊或泛黃的T恤會浪費你帥氣的臉蛋，運用合宜衣服、有質感的配件，能默默提升你的外在分數。

還有一個影響對方是否覺得你「看起來順眼」的要素，**那就是背景**。

在凌亂房間、廁所浴室自拍，是非常不浪漫且無法產生好感的場景，反之善用景點地標、美觀裝潢、自然風景、喜愛

店家、藝術裝置等作爲背景，能讓大頭照更吸引人。

生活照

運用照片以及背景，讓別人快速對你產生更多好印象，是交友app的訣竅。

你可以用幾張來展現你的興趣、休閒娛樂、專長或其他優勢。此類照片盡量多元，不要過於單調，例如與其全都放去高檔餐廳吃飯，不如只放一張，其他欄位留給平民美食或小吃、旅遊、個人興趣、休閒娛樂之類。

注意，**請務必留意照片中的外在形象（髮型、穿搭）。**

要留意的是，坊間有些把妹教練鼓勵多放跟不同女性（最好正或辣）的親暱合照，展現自己行情很好，用以抬升個人魅力、展示高價值；但事實上對多數女性來說，**這種照片反效果的機率很高，容易形成輕浮、花心、油條、定不下來、渣男預備軍的印象，不可不慎。**

除非你擺明要找遊戲式愛情的玩伴，否則太刻意強調自己桃花多，往往弊大於利。

鋪哏照

這是挖坑讓對方開話題用的，比例不用高，30%以內即可。例如我會放貓頭鷹照片，配對後當對方說「貓頭鷹很可

愛」或「你有養貓頭鷹？」，我就能自然接著聊下去。

　　這類型的照片以有趣事物、明顯景點、流行話題（火紅餐廳、展覽、打卡地點）為主。

　　說了那麼多，來看看這個範例吧：

1. 封面照：挑一張你看起來最順眼的就對了。
2. 生活照：背景是海邊：展現旅遊、喜歡大自然。
3. 生活照：簡單的美食（IKEA）。
4. 生活照：透露會開車或有車，切記不要直接拍Logo，會顯得太過刻意。
5. 鋪哏照：我以前阿宅時期的照片。（你沒看錯）
6. 生活照：若對方常跑日本可能會猜出背景。
7. 鋪哏照：貓頭鷹之森。
8. 鋪哏照／生活照：背景是日本著名地標。
9. 生活照：展現穿搭風格、使用配件。

如果你目前沒什麼優質照片，或擔心現階段的外型不吃香，也可以先嘗試不需照片，或是降低照片重要性的交友app。例如有的app主打聲音互動，有的則刻意將頭像模糊或打碼處理。

☕ 自我介紹：依照欄位大小，調整呈現策略

雖說照片是影響配對率的主要因素，但自我介紹也占有一席之地。

過去熱門的app多是照片定生死模式，但近幾年有些app的設計反其道而行，鼓勵用戶提供更多個人資料，以避免一眼

決勝負。

很多人在自我介紹時，習慣以條列的方式清楚寫出個人資訊。但這樣看完後，雖然對你的基本背景有詳細瞭解，卻過於枯燥、嚴肅，像是一份履歷（甚至對方根本不想看完）。

你或許想起，我在前幾節建議「故事為主，資訊為輔」，但交友app哪來那麼大的欄位寫故事？就算有，大家應該沒那個閒工夫仔細看吧？

你的考量完全正確。所以自我介紹策略要依照該app設計的欄位大小，來選擇因應策略。

如果文字欄位很小，也就是擺明要你慎選照片、文字不重要，你只要條列幾個興趣或特質即可。例如自助旅行／合掌村／人來瘋／笑點低／到處演講，或用「喜歡旅遊，笑點超低」這樣的一個短句呈現。

有些app除了自我介紹欄位外，還預設其他項目，例如興趣、休閒娛樂、個性、喜好等讓你填寫。

這種設計的app，等於將自我介紹分散於各項目中，因此自我介紹不用太囉唆，**建議以一句話展現出個人特色與獨特性，將你的職業、生活形態、喜好等面向「濃縮」**，若對方被你的介紹吸引，便可再從其他項目來增加對你的認識。

因為多數人根本不想看完（又不是人資在看履歷）。因此，我需要將其濃縮成：

「瑪那熊，環島演講兼旅遊的斜槓大叔。」

那在什麼情況下，自我介紹要寫詳細一點？

例如該app系統允許你可以寫很多字時，該app刻意淡化照片的呈現（模糊、打碼或根本不能放照片）時，或是該app大部分用戶都這麼做時，你就可以順應風向或使用模式，將自我介紹寫多一點。例如：

「我常到不同地方演講，除了台東與離島，各縣市都有我的足跡，也藉此在當地旅行、發掘美食。

本身除了擔任講師，也寫專欄、接諮詢、出書、經營線上訂閱課程，甚至幫精品設計過行銷用的心理測驗，所以算是個斜槓青年……呃，比青年再老一點點。」

然而，以上的自我介紹難免有拼湊一堆背景資訊之感，有點太像工作履歷。接著分享二個進階技巧，讓你的自我介紹更自然：

技巧一、小題大作

與其列舉一堆資訊，不如專攻其中一兩個，做深入的呈

現。例如提到個人興趣，原本你可能寫得類似：

> 「喜歡旅遊，國內國外都有我的足跡，平常下班除了健身，也會約朋友一起看電影，各種類型都能接受。週末偶爾會到山上露營，去年夏天開始愛上浮潛。」

這樣的描述雖然中規中矩、能快速讓對方認識你，但仍不易留下深刻印象，因為這些敘述都過於表淺，甚至跟別的用戶沒有太大差異。

多數人的興趣不外乎旅遊、美食、戶外活動、電影、逛街等，更別說近幾年，好多男性都會在自我介紹強調健身。

人人都有的東西，就缺少獨特性，難讓對方感到好奇，也不易勾起更多興趣，因此建議你不妨集中火力在其中幾個領域，進行更多介紹：

> 「喜歡漫遊這世界，最難忘的旅程是在北印度蓋水塔，最期待前往的是宮島的海上鳥居。週末偶爾露營，今年夏天計畫浮潛。」
> 「對電影有莫名的熱愛，重刷最多次的是《一級玩家》，被嚇最慘的是《撕裂地平線》。平常靠旅遊、露營與浮潛平衡生活，避免自己宅過頭。」

以上兩個例子，我各用了「旅遊」與「電影」做較深入的分享。別忘了，適度自我揭露，對於拉近關係具有良好效果，且你更深入的分享，很可能引發對方興趣，甚至碰巧遇到有相似經驗或喜好的人，創造出共通性。

技巧二、描繪畫面

當你運用資訊來呈現自己，展現出豐富經歷、有趣生活，對方看了會「理性上覺得你不錯」，認為你是個興趣廣泛、能動能靜的人，但若你想製造更強烈的吸引，就得從情緒面進攻，也就是讓對方在「感性上被你打動」。

怎麼做呢？**你必須描繪足以讓對方想像的畫面。**

在《一開口撩人又聊心》中，「感官描述」被我形容為故事的調味料，是大幅提升你聊天能力的重要技巧，在這裡，它同樣可以發揮良好功效！

我們要拉攏對方的大腦，成為助你一臂之力的盟友。你只要簡單加入幾個形容詞句，讓對方的大腦開始從長期記憶（Long-term memory, LTM）提取相似回憶，接著進行腦補、想像，就能有效觸動對方的心靈。

講白點，就是看了你的自我介紹會有感覺、有FU，而對你有好印象或好奇，增加想進一步認識你的意願。

例如寫到自己喜歡旅遊，「去過北印度、宮古島、合掌

村、瑞士」太中規中矩、沒有特色；不妨花點心思，描述旅程中的趣事與畫面：

「透過旅行探索世界，住過北印度濕熱的山區村落，潛進宮古島的湛藍海洋，在銀白色合掌村吃飛驒牛，於清晨的琉森湖畔逛二手市集。」

要更集中焦點，或是製造笑果、引發好奇，也可以刻意減少文字量，運用「留白」技巧勾起對方興趣，例如：

「喜愛旅遊，但冬天去合掌村忘了帶雪靴……」

重點小整理

依欄位大小來決定如何自我介紹：

1. **小（照片為主的交友app）**：
   列舉幾個名詞，或串成一句短句。

2. **中（內建各種自介欄位的app）**：
   濃縮句子，不要超過三句話。

3. **大（不太限字數，且無太多其他欄位的app）**：
   描繪畫面，讓對方想像。

補充其他管道：婚友公司、婚戀平台

有別於交友app的線上自助，另一種主打實體門市、專人服務的管道，就是傳統的婚友社。

現在不少婚友公司也跟上網路潮流，發展出線上交友服務，或是與交友app相互結合。

對此最常見的錯誤刻板印象，就是「婚友社只有被長輩逼來，不得不結婚的大叔、阿姨才會去」。

就我與多間婚友社合作經驗，選擇來此的未必因為條件差，而是目標更加明確。

來婚友社不只是為了尋找穩定關係，也更期待步入婚姻。對所謂理想對象也設定了大概條件，只要配對成功，進展往往較為快速順利（彼此已有共識，且通過初層篩選）。

如果你很確定自己想找穩定、想結婚的對象，又實在擔心交友app的潛在風險，那這管道不失為一種選擇。但請留意，即使有專人協助配對，自我的**持續提升仍是必要功課**！

目前**趨勢**是會員制再搭配附加服務，規畫提升會員吸引力的課程、講座，例如約會或網聊技巧、穿搭改造、自信建立、肢體動作表達等，記得把握機會學習！

綜合這章內容，若你不確定自己適合什麼管道，可參閱下頁表格，尋找適合的方式：

管道	篩選成本	花費	適合怎樣的人
交友app	最高	低	外型具優勢、網聊技巧強
聯誼或實體活動	中	中	社交能力中上、興趣廣泛
相親或婚友社配對	最低	最高	慢熱、以結婚為前提找對象
搭訕	次高	最低	社交能力強、臨場反應快
親友介紹	中	人情債	人脈廣、名聲好

「篩選成本」指的是，你自己需要花多少時間、精力去過濾，認識到的對象是否符合你的要求。

舉例來說，婚友社的配對雖然最貴，但因為已經有人替你依照所開的條件篩選，所以後續要再過濾的成本較小；雖然交友app可大量認識很多對象，但畢竟龍蛇雜處，自己得多花時間互動，以篩掉不適合對象，甚至得留意詐騙、直銷、蹭飯仔。

脫單第三課：
正式面對面的
不敗守則

如何成功約到她，甚至對方主動想約我？

交友app的出現，讓許多人開始從網路認識潛在對象。即使是聯誼或朋友介紹，我們通常也會用LINE保持互動。

然而，網路聊天（後面簡稱網聊）如同櫻木的左手只是輔助，要拉近關係、提升好感，你還是得約對方出去，面對面來場約會，更何況在現實生活中約會，會帶來更多好處。

面對面的三大好處

好處一：容易製造正面印象

我一再強調，脫單的第一步是跟對方聊得來，或者更精確地說，是「讓對方覺得跟你聊得來」。

當對方的大腦產生「我跟他好像聊得來」印象時，熟悉感、信任感以及愉悅感也將跟著出現。

雖然智慧型手機的問世，讓網聊很方便，但畢竟只有文字與貼圖，即使你與女性用語音、視訊互動，仍是隔著一個狹窄螢幕在交流，少了點真實感；而當面約會，你還多了「視覺」與「聽覺」兩個武器可運用。

穿著、外型、表情，甚至手勢都能讓你的表達更精采、留下深刻正面印象；語調的變化、笑聲亦能豐富互動的細節，讓氣氛更輕鬆有趣。

更重要的是，**當面約會才能真正實行「兩個人一起做某事」，進而創造一體感來拉近距離。**

當你與女性共同在某地點做某事後，你們便有了更多的交流與回憶，這些東西會成為誘發好感的重要基礎。

☕ 好處二：便於製造曖昧

除了創造回憶、增加交流，與女性當面約會另一個絕佳理由是，你有更多可執行的曖昧選項。

雖然網聊也能製造曖昧，但多是透過文字進行，能用的是比較初階的曖昧技巧；當面約會，因為雙方是與實體互動，所以你可以透過肢體、行為、動作或空間轉換來製造更進一步的曖昧，有效增溫關係，避免一直卡在朋友的階段。

要知道，「曖昧」可說是脫單過程中最有趣，也最重要的關鍵。聊得來可讓你們建立關係，但若你在此止步，很可能

被當好朋友、好姊妹，浪費了原先在網聊創造的好印象。

簡單來說，當你與對方在網路上聊得開心時，產生的好印象彷彿微甜的水，擺久了不會更入味，必須加入名為曖昧的原料，才能質變為好感甚至激情。

好處三：節省雙方時間

我見過太多例子，在網路上聊得轟轟烈烈，也進一步聊語音、視訊，不但聊到三更半夜，甚至還掛睡❶。

但不論你透過何種管道認識女性：親友介紹、職場同事、搭訕、聯誼、交友app甚至婚友社，接下來你的目標就是約到她，也就是進行當面約會。

或許你交換LINE後跟對方愈聊愈順，但畢竟你不是要玩網公網婆那套，而是在現實生活中有個女友，那麼就得約對方出來。

到這裡，相信你已能認同「約得出來才有後續」這句話，問題是：怎麼約？

---

❶ 掛睡：雙方透過電話或app語音聊天，但不掛斷就入睡。有種「遠距離一起睡覺」的意味，算是這幾年流行起來的曖昧互動。

五個策略，提升邀約成功率

☕ 一、聊得來才約得出來

聽起來很合理，**但偏偏不少人敗在太急著邀約。**

如果兩人認識後根本沒什麼對話，或你總是傳好笑網址影片、每天早安晚安超級尬聊，你提出邀約是沒有用的，因為她只會覺得「網聊都這麼冷場了，見面不是更尷尬？」

另外，雙方關係沒一點基礎就邀約，只會過早透露你的意圖，造成對方壓力，邁向已讀不回之路。

請注意，透露「想進一步認識」的意圖沒問題，但若連第一步的互動都還沒建立，你想再踏第二步只會讓對方感到黑人問號。

很多男生會問：「聊多久才能約？」「認識多久該約？」這是個假議題。**要不要約對方，跟互動的時間長度沒有什麼關連性，你們聊天是否熱絡才是決定是否該約的關鍵。**

建議先透過生活有趣故事，製造氣氛愉快的互動，如果聊天過程有提到美食、景點，就可以「順便」邀約（當然，你也可以鋪哏把話題導向這些）。

二、疊加技巧

這招專攻關係已經不錯，或個性外向活潑的對象。

若你與對方聊得來，聊天的狀態也很熱絡，例如固定互動、對方主動找話，甚至偶爾互開玩笑、語音通話，或對方本身是個活潑外向、生活豐富的女性，邀約時可以使用「疊加」技巧。

這項技巧的原則是：**先提出小的邀約，若對方同意或猶豫時，進一步加碼引發興趣。**

例如在聊天過程中約對方下班後去口袋名單的義大利麵，對方給予正向回應時，趁機描述細節，或是提案更多內容。

範例一

你：「乾脆週四或五下班，我們去吃○○ Café？」

她：「那家聽説不錯欸！」

你：「我只能説，他們的煙燻鮭魚沙拉是我吃過最棒的！」

範例二

你：「乾脆週四或五下班，我們去吃○○ Café？」

她：「之前朋友去過。」

你：「同事前陣子也有去吃，説最近換新菜單了～」

她：「有什麼推薦的嗎？」

你：「烤伊比利豬頰肉松露義大利麵，我看照片口水都流出
　　來了！」

她：「真假，我很愛松露啊，整個香！」

你：「而且那附近有家甜點也很棒，可以續攤～」

☕ 三、遞減技巧

與上面那招相反，這招專攻互動還沒太熱絡，或個性較內
向謹慎的對象。

聊得熱絡再邀約是最理想狀況，但如果稍有互動就想約怎
麼辦？

只要雙方關係不是非常冷（例如已讀不回、總是「嗯嗯」
或用貼圖句點你），那你還是可以嘗試邀約，只是這時如果
亂用「疊加技巧」風險過高，對方會覺得你很「盧洨」、製
造壓力，所以**我們要來個反向操作**。

這項技巧的原則是：**先提出一般邀約，若對方猶豫或婉拒
時，減碼再約一次**。例如聊起來後，約對方下班後去口袋名
單的義大利麵，對方給予負面回應時，針對原本提案簡化，
或提出新的較小方案。

範例一

你：「乾脆週四或五下班，我們去吃○○ Café？」

她：「可是我不確定幾點下班耶？」

你：「來不及沒關係啊，附近有家甜點也不錯～」

範例二

你：「乾脆週四或五下班，我們去吃○○ Café？」

她：「可是最近吃太多……要減肥……」

你：「哈哈那我負責吃主餐，妳幫我吃前菜跟沙拉～」

遞減技巧的核心是降低戒心與成本，讓對方覺得「（新方案）這樣的話好像就還可以」，同時也運用了心理學的互惠式讓步，對方覺得你已經主動針對邀請做出讓步（提出較小的方案），不自覺會想要給予回饋（彌補她原本的拒絕）。

你也可以用這個原理，來進一步操作邀約。

例如原本就只想約對方吃個晚餐，但刻意先提出更大的邀請（吃晚餐＋看電影），當對方說可能會太晚時，再說：

「啊對齁，隔天還要上班，這樣可能我們都會起不來……那吃個晚餐就好，可以早點結束。」

從「電影＋晚餐」變成「只有晚餐」，這就是遞減技巧。後面那句「可以早點結束」也同樣在讓對方降低戒心，減少她預期的成本。

☕ 四、提出確切方案，別讓對方自由回應

「那個，妳最近有空嗎？」
「請問妳週末有事情嗎？我們去看個電影怎麼樣？」
「妳這個月還有方便的時間嗎？要不要吃個飯？」

這是絕大多數台灣男性的邀約起手式，通常得到的回應是：

「不確定欸，要看看。」（但絕口不再提起）
「喔我再看一下時間。」（然後扯到別的話題）

有時你會困惑，跟對方雖然沒到「相見恨晚，連聊三天」的程度，但好歹也互有往來，並非有一搭沒一搭那種尬聊，為什麼卻碰了軟釘子？

這種情況，主要是你的邀約不吸引人，讓對方沒有興趣赴約。

上述第一點「聊起來再順便約」，以及第二點「疊加更多細節」最大目的都是在引發對方好奇或興趣，因此請勿用申

論題形式讓對方自由回答。

你該先設計好簡略的約會計畫，並向對方提案。記住，**先提案引發興趣，比確定對方什麼時候有空更重要，千萬別把優先次序顛倒了！**

比如以下例子，前者太空泛，後者則有明確計畫：

去看電影嗎？／我想去看重映版的《銀翼殺手》，要跟嗎？

一起去吃飯嗎？／打算來開個老四川團……

去戶外走走如何？／來爬個象山如何？

我們去逛個街吧？／我們去民生社區那邊逛吧？

你不需要在邀約時將行程鉅細靡遺、完全交代，畢竟這麼做，那約會還有什麼樂趣可言？摘要地點、確定時間即可，細節請當成製造驚喜的機會。

切記，**千萬別把約會當成開會，事前還發流程表給對方！**

五、方案核心關鍵：找你想做的事

我有點奸詐地將最重要的一點，放在最後才講。

看完上方第四點，你一定想問：「那約對方去哪裡？吃什麼？做什麼比較容易約到？」

這是眾多男性習慣的想法：**投其所好**。但這麼做代表你放

掉了自身框架，並傳遞一個訊息：「我想盡量配合妳（甚至討好妳），只爲了能約到妳、與妳見面」。

多年經驗讓我發現這種薄弱框架，是許多單身男共同的特質。不只在邀約，連聊天也會出現這種模式：「我想知道對方喜歡什麼、對哪些事物有興趣，才能跟她聊起來。」（這點我們後面再來討論。）

邀約時，你當然不需要刻意跟對方唱反調，例如女性在聊天過程提過自己吃辣會拉肚子，你還刻意約麻辣鍋，這不是白目什麼才是白目？

或是女性都講自己怕恐怖片，你還硬要約，像這種靠實力被打槍的舉動實在母湯啊（不過，刻意唱反調卻可以拿來當開玩笑、曖昧的技巧）。

那我們到底該約去哪、吃什麼、做什麼好呢？

很簡單，只要不是唱反調，請約對方去你想去的地方、你想吃的食物、你想做的事情。**請帶著「想把好東西跟妳分享」以及「想邀妳參與我的生活」的心態，來進行邀約！**

我與某任女友在交往前，第一次約她去的地方是淡水老街。很多人覺得這地點過於老派，夏天又熱得要死，爲什麼重要的首次約會去這裡？這是因爲我很喜歡老街走到底，有一排榕樹的河堤。

我偶爾會跑去那兒，坐在榕樹下看河面波光粼粼，吹著夏天黃昏逐漸降溫的暖風，或許發呆、或許思考，享受片刻的悠閒。我想帶她去體驗我認為很棒的事物，於是約她前往。

又例如我曾約女性去吃鼎泰豐，而非常見的義大利麵、西餐或法式料理。原因很單純，因為覺得鼎泰豐的蝦仁炒飯超好吃（雖然鄉民總愛說自家巷口的路邊攤屌打），且剛好那陣子我很想吃，所以就約了。

約會除了增加互動、藉機製造曖昧外，同時也在傳遞你的生活喜好、模式、品味、特色，前面也反覆提到，平常務必認真經營個人生活、多走多看，才能邀約對方踏足參與。

而且在你想去或喜歡去的地方約會，往往能發揮主場優勢，畢竟你對附近的交通、店家的餐點、空間的狀態較熟悉，也能降低約會的緊張感。

但請留意，**「自己優先」與「考量對方」並非互斥**，注意別刻意唱反調。

或許你很想吃美式漢堡，但要女性在約會對象面前張大嘴巴、蠻手醬汁，就有點太直男❷啦。

---

❷ 直男：泛指不太懂女性想法，做事或思考比較大刺刺、一根腸子通到底的男生。或者用更簡潔的說法：缺乏浪漫因子。

交通、場所、行程是否能讓彼此都輕鬆自在，是設計約會方案時非常重要的一點，如果你全然只顧自己喜好，這可不是自信，而是自我中心加白目。

另外，邀約請找具有特色或有特殊意義的地點，若你約對方吃吉野家或Sukiya❸，87%的人會傻眼啊！

但如果是「我家巷口超好吃的隱藏小店」，只要其他條件符合上述「考量對方」，也不失為一個選項。

最後提醒各位兩件事：

一是當使用遞減技巧，但對方仍然婉拒時，最好不要一直遞減，否則對方還是會覺得你很煩很盧；而且不斷遞減也會讓你的邀請，甚至你整個人變得很廉價。

二是沒能成功邀約也不要沮喪。諮商界的短期焦點治療認為「沒有失敗，只有回饋」，對方的不斷婉拒其實就告訴了我們雙方關係還不夠靠近。

---

❸ 吉野家、Sukiya：連鎖牛丼餐廳，食物品質穩定，價格不貴，環境也算乾淨，但用來約會還是有點不合適。
但並非所有連鎖餐廳都不能約會，我曾寫過某家迴轉壽司的約會攻略法，經實證不但雙方吃得開心，還能透過幾個曖昧橋段，有效拉近關係，強烈建議掃描右方QR CODE學起來。

這時要反過來檢視自己與女性的互動，是否還處在聊不來的窘境？若是，那你該做的不是明天後天又再約，而是先想辦法製造更多互動吧！

📍 重點小整理

1. 先聊起來再約。
2. 先提方案再敲時間。
3. 互動不錯時，運用疊加技巧。
4. 互動還平淡，運用遞減技巧。
5. 關鍵：邀約對方參與你的生活，而非配合她。
6. 輔助：考量對方＋邀約地點具特色。

約會臨時被放鴿子，怎麼辦？

　　上一節我們談了如何運用網路聊天、邀約技巧，來讓對方想與你見面。然而別以為對方口頭答應，就十拿九穩開始幻想當天的浪漫情節。

　　我有不少學員遇過這種情況：**好不容易約到對方，卻臨時被放鴿子。**

　　期待已久的約會突然被取消，若你感到錯愕、惋惜、失望甚至有些生氣，這都是人之常情，別急著自責或認為「男性就應該包容」，搞得自己很卑微。

　　但你也不用在心裡狂罵對方，甚至自我感覺良好說什麼：「哼，是你放棄了機會」或「沒差，還有其他人等著跟我出去」這種唬爛自己的話。

　　當臨時被取消約會時，首要原則是：絕對不能直接跟對方吵起來，或一直盧淩她出來。

　　接下來，我會教你實用的應對技巧，並且將被放鴿子這種負面事件，轉變成加溫感情的正向契機。

取消約會的三大原因

女性臨時取消約會，通常可分成三種狀況：

狀況一：未提原因→關心優先

如果對方單純傳訊息說「抱歉今天無法過去」「臨時有事得先跟你取消」卻沒有主動說明理由，請先試著了解發生什麼事。

這時口氣非常重要，如果你是用「爲什麼不能來？」「？？？」這種句子，很容易讓對方認爲你不爽，且在嚴肅地質問她。

你可以用「怎麼了嗎？」「妳還好嗎？」這種比較軟性的語句，表達你的關心，而非責備。

狀況二：突發事件→給對方空間

若對方告知取消原因是自己生病不舒服、家人有狀況（出意外或臨時需要幫忙）、公務纏身（被要求加班、出差）等，我們同樣先表達關心：「那妳現在還好嗎？」「那妳家人目前還好嗎？」「被加很多工作量嗎？」，並且再加上同理：「感冒應該很不舒服」「妳應該很擔心他們」「突然被叫去加班，感覺應該很不好」。

接著，我們就讓對方趕快去處理這些事情，不要打破砂鍋問到底，切勿像不信任對方並審問她：「那妳有咳嗽嗎？有看醫生了嗎？去哪家看呢？吃藥了嗎？體溫多高？要不要改去醫院看？」

要知道，當人在緊急處理事情時，實在沒心力再去應付一堆「假關心、真質問」，很容易情緒爆炸吵起來，或心裡認為你不體貼。

最糟糕的回應，就是急著跟對方敲下次約會時間：「那妳下週六可以嗎？」「妳幫家人弄完打給我，我去找妳？」「幾點下班？我們可以改吃消夜？」

欸不對啊，人家才剛發生緊急事情要處理，你急著敲約會時間是在哈囉？

請各位思考一個問題：約會的目的是什麼？是為了持續加溫感情吧？所以你不可能因為單次約會就脫單，也不會因為少一次約會就被打槍。

不要執著在這一次的約會或趕快約會，吸引到對方才是你的目標，而非約會本身。用股票來打個比方，你要看的是長線趨勢，而非短線波動！

☕ 狀況三：赴他人的約→忍住衝動、謹慎回應

在我的教學經驗中，當對方放鳥是因為「朋友臨時約我」

「突然想去運動」「同事約聚餐」時，很多人就會開始自爆，要嘛森七七，要嘛自信潰散覺得沒機會了。

我常在講座說一句話：**不要因為一個線索，就推翻整盤證據。**

如果你們原本互動不錯，甚至已經帶了點曖昧，對方因為別的事情臨時取消，並不足以代表對你沒興趣。

「可能有別的對象」「對我沒什麼好感」「根本耍人」這些都是我們在情緒激動下，過度腦補來的。請你照著下面三個步驟來回應，就能將「放鳥」轉成正面事件：

1.先表達感受或狀況

「哇，這麼臨時！」
「哇，我已經出門/準備出門了呢！」

這麼做的目的是讓對方知道，這麼臨時取消的確有影響到你，藉此建立界線。

2.延長互動

● 若對方與朋友有約：
「這麼剛好，是突然來找你嗎？」
「該不會是之前才聊到的同學？」

「這樣我想到，好像也蠻久沒跟大學同學聚聚了。」

- 若對方是要去運動：

「哈哈是驚覺最近吃太多了嗎？」

「怎麼突然想去運動哩？」

「是妳上次報名的健身房？」

- 若對方是被同事揪：

「哈哈是慶功宴嗎？」

「你們約哪家？」

「喔我知道那家欸，聽說蠻好吃的！」

記住，與其腦補或不爽，不如轉成一個聊天話題來互動。

3. 接受現況

- 若對方與朋友有約：

「本來很期待今晚呢，但難得你朋友來台北，就去吧！」

「哈哈欠我一次噢，再找時間約～」

- 若對方是要去運動：

「真可惜，那你先去運動吧，下次可以吃更多！」

- 若對方是被同事揪：

「哈哈，本來都想好要點什麼了呢～」

「OK，跟同事social也很重要，妳先去吧！」

別急著說沒關係

　　若對方為了臨時放鳥而道歉，各位夥伴千萬不要第一句就說「沒關係」（請留意我上方例子，OK是最後才講）。

　　請先用可惜、好臨時、已經出門等句子，讓對方看見對你的影響，以及你已經投入的成本，再表達沒關係我能體諒、接受，並提供對方補償機會，給她台階：「看來下次你要請我了～」「那罰妳請一杯咖啡囉！」

⬤ 進階技巧：趁機製造曖昧

　　若原本互動就熱絡，可趁機開對方玩笑：「齁這麼臨時，我要打你屁股！」「啊我都出門了才說，真的是壞孩子～」但後面還是要接「沒關係」以及「給台階」。

　　再次提醒，不要執著眼前這一次約會，若對方已經決定去（或表現得想要去）另一攤，那就別勉強對方跑你這攤。

　　不要堅持「不管，已經約好了，你只能跟我約會」。這容易讓對方覺得有壓力、沒有自由，更難保對方跟朋友同事談起，你也許會被批評。

　　所謂人多口雜，有些人就是喜歡管別人感情事，甚至有心人見縫插針，把你貼上「器度很小」的負面標籤。

　　與其堅持、勉強對方，不如趁機讓對方欠你人情，反過來

少了一次約會，so what？
臨時被放鳥的原因有很多，不要因為一時情緒激動而自爆。
試著把「被放鳥」轉為正向事件，展現你成熟男人的一面！

以退為進。少了一場約會，但拉近雙方距離，甚至製造更多約會的機會。

空出來的時間，怎麼辦？

不論對方什麼原因無法赴約，那在約會取消後，時間空出來了怎麼辦？相信有些人會選擇回家放空、發呆、睡覺，如果你因為對方不來就頹廢殺時間，就錯過了另一個增加好印象的機會。

記住，既然發生約會取消的負面事件，我們就要想辦法好好運用，讓它逆轉成為正面事件。

前面談的是如何因應對方，接著來說你該為自己做什麼。在工作繁忙、工時超長的台灣，任何空閒時間都是非常珍貴的。

雖然約會取消得臨時，但你仍然可以幫自己找點事情做：選家餐廳享用美食、尋找不遠的景點走走、找間店逛一下、到書局為自己買本書好好閱讀、聯絡朋友看要不要聚一下、到最近的戲院看場電影、查詢是否有感興趣的展覽等。

接著，你可以將過程的趣事或精華，拍張照片放上FB、IG分享，也可以之後跟對方聊起當天臨時的行程，這能有效讓她產生「這男的很獨立，有自己的生活」這種正面印象，還

能跟對方聊起來、延續互動，好處實在太多了！

反之，若你直接回家耍廢，當對方知道後只會覺得「他好像都在配合我，少了我，他就沒事做」。

這也呼應上一節提過，我們本來就想去某地方或想做某件事，只是順便邀請對方共同參與罷了。因此當對方臨時取消，你還是可以執行原訂計畫前往。

自己去或臨時找人補位都行，**千萬不要有「對方取消，我就回家」的習慣**。表面說想去某地而邀對方，當對方不去你也不去，這會讓你顯得很不一致。

> ### 📍 重點小整理
>
> 簡單來說，若原本約的地點，自己一人去也OK（餐廳、酒吧、鄰近景點），不妨就獨自去享受吧！後續可在FB、IG或跟對方聊天時分享，讓對方看見你有自己生活且獨立。
>
> 但如果是對方很想去的點（展覽、電影），建議就先等下次再約（否則換對方覺得被你放鳥）。
>
> 原本約會的時間空下來了，你可以安排別的事情（找朋友或自己吃飯、運動之類），同樣讓對方看見你有自己的生活圈&人際圈。

甚至，若一開始對方就婉拒邀約，建議你採取同樣策略，自行前往或揪其他朋友，如此能避免產生「怎麼這男性的生活都圍繞著我」的負面印象！

後續觀察重點

處理對方的臨時放鳥，務必先照上述技巧回應，並且善用時間做自己的事、或執行原訂計畫。

突發事件過後，你必須觀察對方是否常臨時取消約會，若習慣性放鳥，或總有一堆很瞎的理由，就要同時觀察網路上的互動熱度是否消退。

若網聊仍然持續加溫，代表對方的失約並非肇因於對你失去興趣，這時可向對方反應失約頻率過高，若情況未見好轉，建議各位直接保持距離。

畢竟不論男女，這種不重視承諾的人，往往伴隨著過度自我中心、不會體諒別人、缺乏同理心，即使交往也容易發生衝突。

如果對方不斷失約，網聊也愈來愈冷，甚至已讀不回呢？聰明的各位應該心裡已經有個底了：**不是沒時間約會，是沒時間跟你約會啊！**

當對方用行動展現「沒興趣」「不想聯絡」，絕對不要去

跟對方抱怨「最近怎麼這麼忙？」「都約不到妳」。

　　呃，這種事說破了大家都尷尬，咱們就別浪費時間在對方身上，不如轉移火力到其他對象，以及持續提升自己吧！

　　被放鳥通常第一反應會不太爽，記得趕快深呼吸、伸展一下肢體，然後趕快把書翻開再看一次這節，照著SOP處理吧！

約會絕不可犯的
三種錯誤

　　當你邀約成功，雙方也終於碰到面後，再來要做些什麼、聊些什麼呢？

　　在網路上你還有暫停時間，可以思考一會兒再回覆訊息，但當面約會就很吃臨場反應，像是在玩即時戰略類型的遊戲，而非步調較慢的回合制。

　　這節內容，將詳細告訴你當面約會哪些事情會踩雷，以及如何互動能製造好感。

　　反之，若你不想再跟眼前的女性互動，不妨參考以下三點，保證她閃得遠遠，不再與你連絡。

自爆模式一：隨便亂穿就出門

　　我當然相信你不會故意穿得很邋遢，去和一位有好感的女性見面。我擔心的是，有可能你認為的認真打扮，在她眼中卻是NG穿著。

在第一章解析脫單必備實力時，我已經清楚提醒大家，外在形象對於吸引女方有多麼重要。若你無法通過第一道門檻，再多的內涵、優勢都極可能沒機會展現，這在我擔任約會教練的十年間，已經看過許多案例。

但同時，也有不少男生參與我的形象改造計畫，透過風格檢測、實地採買、衣櫃重建、肢體動作調整等流程，學會如何穿、怎樣買適合自己的服裝配件，進而懂得經營自己外型，輕鬆通過門檻並吸引對方❶。

當你穿得太NG，例如配色詭異、圖案太幼稚，又或者比例抓不對顯得太胖、太瘦或太矮，讓對方產生怪、老氣、邋遢、傻眼的感覺時，很高機率她的前額葉會開始運轉，思考等會兒該如何盡快脫身。

陷入這窘境，後續互動要逆轉勝就難了，與其辛苦扭轉負面印象，還不如一開始就製造正面印象！

---

❶ 對「外在形象改造計畫」有興趣的夥伴，可以掃描右邊 QR CODE，參考我的個人網站。

正確解法

強烈建議你，不要等明天或這週末要約會了，才開始煩惱穿著。

外在形像是你平常就要留意的事情，除了建立個人穿衣風格，也讓自己習慣約會時要穿的服飾。

若臨時抱佛腳，一來可能不習慣覺得手腳卡卡；二來會覺得「這不是平常的我」而忍不住心虛，無法進入最佳狀態。

請務必回頭複習第一章，我用了很大篇幅分享男生的穿著與配件，幫你打下基礎。

接著，我們設想一個情境：你明天或稍晚就要約會了，面對眼前的衣櫥與鞋櫃，該如何選擇合適的服裝？

在我第一本書《一開口撩人又聊心》中提過，**服裝與時間、地點、對象、目的息息相關**。後兩者對你來說很單純，就是「要跟不錯的對象約會」，因此你要注意的是前兩項。

晚上或室內為主的約會，建議提升服裝的正式程度，以襯衫、休閒褲為主，**挑選成熟感較高的單品**（是的，你應該捨棄運動鞋，選擇休閒鞋或皮靴）。

白天或戶外約會就不妨輕鬆休閒一些（也方便活動，尤其若是安排近郊健行、老街散步行程），選擇POLO衫或短袖襯衫、牛仔褲、略寬鬆的或亞麻材質的長褲等休閒感較重的單

品（這是運動休閒鞋的主場，但請別穿專業運動鞋，兩者的辨別方法，第一章有提到）。

「欸瑪那熊，怎麼沒提到T恤？我最多的衣服就是T恤啊！」

Dude，如果你是青春大學生，那當然可以穿T恤約會；但如果已經踏入社會，甚至是30輕熟男，**穿有領子的衣服更能襯托你的男性魅力。**

當然，若約會屬於非常輕鬆的行程，例如公園野餐、住處附近走走閒晃，又或者是需要大量運用肢體，像是得走一小時山路的大自然之旅，那T恤是個好選擇。

請容我多提醒一句，挑選合身不緊身、圖案別太花的款式，最好布料厚挺一些。當你在對方面前流汗或激凸時，會非常慶幸自己看到這段。

更關鍵的是，不論你挑選了哪些衣服作為「戰袍」，**務必先燙整過。**穿著皺巴巴的衣服赴約，第一眼就讓對方產生負面印象，將你跟邋遢、生活習慣不佳、家裡可能很亂這些猜測連結起來。

另外，你可以因應天氣狀況、個人習慣，隨身攜帶一些小道具。例如悶熱的夏天，除了面紙你還有濕紙巾這個推薦選項，可以快速降溫、避免汗臭；日夜溫差大的季節，或會去

空調較強的室內場所，放條輕薄圍巾在包包裡，除了避免冷到還有機會發揮神奇功效、製造曖昧。

還有一個多數男性會忽略的細節，就是**記得整理一下你的皮夾**（這其實是平常就該做的事）。

買單拿出皮夾時，如果裡面塞滿了收據、發票、折價券，鼓鼓一大包外加雜亂亂塞東西，完全秒殺好不容易累積的好感啊！

自爆模式二：一見面就踩油門

在這資訊流通的時代，你可以輕易在網路找到許多把妹、脫單的技巧，包括YouTube影片、教學文章甚至線上付費課程，在五花八門的理論與技巧讓你眼光撩亂之餘，務必懂得篩選，不要什麼都照單全收。

讓我來分享一個印象深刻的慘劇：

Dylan找我諮詢時，正是即將成為大魔法師❷的尷尬年紀，為了在30歲前交到女友，他認真上網看撩妹技巧，也下載了幾款交友app，卯起來認識新對象。

---

❷ 大魔法師是一個網路玩笑哏，相傳男生如果30歲還沒交過女友（也就是母胎單身資歷超過30年），保持童貞的結果就是成為大魔法師。

精誠所至，金石爲開。在他瘋狂經營app之下，竟然在半年累積了近百次配對成功（當然，他也同時努力提升自己的魅力，包括外在形象與擴展生活）。

　　「欸，Dylan，我真心覺得你蠻厲害啊！那你有約到她們嗎？」我鼓勵他。
　　「呃，大概只有成功約出來十幾位吧！」
　　「這成果我認爲還算可以接受，畢竟配對成功只是第一階段，嚴格來說，連門都還沒踏進去。」

　　還記得我在上一章提過嗎？交友app本來就不要看得太重，不是配對成功就代表你們「能怎樣」，配對後聊不起來也很正常，更別幻想一定約得到。

　　「那這十幾位，應該有幾位進一步發展吧？」我又問了。
　　「唉，瑪那熊，這就是我找你的主因啊。」Dylan有些落寞地說。
　　「怎麼了？」我心想，該不會是約會幾次後，仍然無法吸引對方而被打槍吧？
　　「說來有點尷尬，這十幾位都在約會一次後就沒聯絡，或是直接封鎖。」Dylan把頭壓得更低說著。

「咦，你能否跟我描述一下，初次約會時的狀況？」十幾個約會後都立刻被KO，這問題可不小。畢竟我看Dylan線上放的照片，倒也跟本人相差不大，不是所謂的「照騙」。

「呃，也不是沒話聊，但氣氛就是愈來愈尷尬。」Dylan說得有些籠統，我只好換個方式獲取資訊。

我運用心理學的「情境重塑」技巧，幫助他回憶起更多的細節，大概五分鐘我喊停，因為已經找到癥結點。

「Dylan，為什麼女方入座後，你要直接坐在她旁邊啊？你們是坐四人桌對吧？」我問。

「喔，我看到一個YouTuber這樣教啊，他說拉近身體距離能製造好感，而且要大方展現意圖，才不會落入朋友區。」Dylan認真地說。

「嗯，那你還做了什麼『展現意圖』的事呢？」我再問。

「通常會盡量稱讚對方，像是很會穿衣服、睫毛蠻長很漂亮之類，另外也會持續靠近對方，找機會肢體接觸。」Dylan提到，因為他曾看過〈第一次約會就牽到對方的手〉之類的影片，所以想實際測試。

可憐的Dylan，難怪這十幾位女性都打槍他，老實說沒被當噁男或告騷擾，已經算運氣不錯了。

人與人的關係是循序漸進的，當你的對手是一般人時，就

不能拿夜店、砲友、一夜情那套來玩，這是兩種不一樣的系統，雖然有若干技巧能通用，但絕不能直接複製。

例如心理學上，我們對於與他人的可接受身體距離雖然略有差異，但面對初次見面或還不熟的約會對象，絕大多數人習慣先保持一點距離。

以餐廳約會來說，「面對面」坐著才是多數人的預期，突然就坐在對方身旁，瞬間就會激起大腦的警戒反應。

除非你們所處的環境合適，例如吧台座位、公園長椅，或她對雙方身體靠近原本就有準備或期待，通常這又涉及場所，例如你是在夜店，否則若你貿然侵入界線，大多只會引發反彈。

☕ 正確解法

約會時能否拉近身體距離、該不該透過肢體接觸製造曖昧，取決於你們的關係在哪兒。

評估方式在下一章會有詳細解析，這邊請你先記住一個準則：**聊起來，再曖昧**。以免你被當成性騷擾的變態。

在狀況未明的情況下，你寧可當個紳士一步步推進，也別急著來個浪漫突進。

Dude，你以為自己是霸氣總裁，但很可能對方眼中你只是精蟲衝腦的嗯男。

這男的幹什麼啊！！！

　　兄弟，在女方眼裡看來，第一次見面就亂牽手，
這已經不是想不想逃跑，而是要不要報警的問題了。

自爆模式三：錯把盪森當美德

「我們可能要吃快一點，這邊限制一小時停車免費，時間快到了。」

「呃，我信用卡平日六折，所以能否不要約假日？」

「啊，我刷卡有回饋3％，我來刷卡，妳再給我現金好嗎？」

「過兩條街的停車場比較便宜，我們停那邊再走過來。」

「咦，套餐加點紅茶要70喔？那我去附近便利商店買進來喝。」

別懷疑，這是我從過去諮詢個案，以及身邊女性朋友抱怨聽到的例子。

收入不高當然對脫單有影響，**但比沒錢更嚴重的是「盪森」（a.k.a.小氣、吝嗇）的心態與行為**。這往往造成別人困擾，或進一步嚇跑對方，關係瞬間冷到僵掉。

以這例子來說：「過兩條街的停車場比較便宜，我們停那邊再走過來。」

為了省那二、三十元，搞得雙方要走一大段路，還可能走得匆忙（時間太趕）。若當天對方穿高跟鞋，或是天氣不佳（太冷、太熱、下雨），女性即使嘴巴不講，心裡還是多少

覺得麻煩，同時也可能影響到你自己的狀態（冷到、流汗、淋濕），實在得不償失。

另一個例子，聽起來有點詭異，但我卻聽過好幾位女性都曾遇過男方說：「咦，套餐加點紅茶要70喔？那我去附近便利商店買進來喝。」（當然飲料跟價錢不同，但大致狀況是這樣）

攜帶外食或飲料對許多店家來說，是非常不禮貌、不尊重的，而與你同桌的人往往也會感到尷尬。

先不說你跑出去買，將女伴晾在餐廳已經很母湯；若買回來又被店員提醒「抱歉不能攜帶外食」，保證女伴心裡大翻白眼，覺得有夠丟臉。

另外一個地雷，就是**用自己的（盪森）金錢觀，去評論對方的消費方式**。

曾有個女性朋友無奈跟我抱怨，首次約會的男方讓她自己選餐廳，她找了中等價位（台北市，一人套餐約五百元）的餐廳，點餐時男方隨口說了句：「我平常不吃這麼貴的，太花錢了。」

「瑪那熊你知道嗎？我當下超想直接閃人！」妹子說。

☕ 正確解法

氣氛第一，不拘小錢。請將這句話加入你的脫單座右銘中。

要知道能用錢解決的，都是小事情。若多花個幾十幾百元就能讓雙方開心、賓主盡歡，幫助約會行程更順利，其實很划算。

你用金錢換取便利（停近一點但略貴的停車場，或下雨時直接搭計程車）、時間（對方明明晚上比較方便，就別硬為了省錢吃商業午餐），就能讓約會的氣氛在無形中加分，只**要氣氛輕鬆愉快，這次的約會就成功了一半！**

節儉是美德，但**盪森是讓人瞬間消火的行為，該花就花才能讓對方想繼續互動！**

但別誤會，不是要你將白花花銀子雙手奉上。**花小錢營造氣氛是真高手，亂花錢進貢給對方，只會被當工具人！**

最後提醒各位夥伴，比盪森更糟的是什麼？就是明明盪森還要擺闊裝大器！

曾有位女性跟我抱怨，某個男生約她看電影，並說會先上網買票。碰面後女性自動挑出票錢，男生也收了（這部分沒毛病，要不要請客看個人，無絕對好壞），但壞在這男生收錢後說：「那線上訂票的手續費二十元我出就好。」

這話一說出來，女性不會覺得好man、人真好、太感謝了，只會覺得這樣你也要強調、刻意邀功，是在哈囉？

真正的高手就算幫對方出錢，也會默默做或是「不經意提到」，因為他們不會去計較這種小事&小錢。

還是那句話，氣氛好最重要，又不是每天要你花錢，難得約會就放鬆好好享受吧！

約會聊什麼，
能讓她對我心動？

　　約會有很多型式，你們可能去九份老街泡茶、衝不厭亭看風景，可能去內灣或陽明山的景觀餐廳享用美食，也可能到滿月圓爬山看瀑布，或在勤美綠園道的草地野餐、去審計新村買些新創小物。

　　室內派的除了餐廳，還能選百貨公司、outlet mall、看展覽、玩桌遊；戶外派則能往山上跑，包括各種休閒農場、森林園區：或是接近海洋，例如永安漁港、南寮、高美濕地、西子灣。

　　在台灣，能約會的地方實在太多了！

　　然而，不論你約會行程如何安排、去什麼地方、做些什麼事，你永遠都不能不跟對方聊天。

　　對關係初期、尚未交往的雙方來說，留下回憶、輕鬆玩樂只能說是約會的次要目的，關鍵是增加認識，製造好印象&好感！

　　要達到這目的，「聊天」是你最主要的武器，也是任何約會都必須要掌握的事情。

「等等，聊天眞的有那麼重要嗎？難道不會聊天就無法脫單？」要回答這問題，**我們得先瞭解一個讓大家聞之色變的問題：感覺是什麼？**

大家如果問身邊情侶，當初爲什麼會喜歡對方、決定交往，很常會得到一個答案，叫作「因爲對他有感覺」。

我相信你聽到時整個黑人問號，到底什麼叫做「有感覺」？所謂的「感覺」是什麼鬼東西？

修但幾類，讓我吃個翻譯蒟蒻幫大家解釋一下：**其實「感覺」就是「好感」**，當好感多到突破臨界值，你就會覺得自己喜歡對方，想要擁有或獨占他，並希望有更進一步的互動。

聽到這你應該想說，「欸不對啊，瑪那熊你這樣有講跟沒講一樣吧？」

請大家在心裡畫一個三角形，將「好感」置於最上層，那好感又是怎麼來的呢？

好感的來源位於三角形的中間層，就是正面印象，或者你可以說是好印象。

當對方對你的好印象不斷累積，就會向上形成「好感」，若好感夠多，就會出現我剛描述的情況，想與你更進一步發展，簡單兩個字就是心動。

會買這本書的各位，一定都是聰明人，應該已經猜到三角形的下層，就是好印象的來源。

製造心動的兩個管道

☕ 管道一、觀察

觀察什麼呢？本書至少提了三次外在形象很重要，因為這就是人們觀察的重點。不論男女，也不論你要找的是長期交往或一夜情，外在形象都是重要篩選條件。

我有位粉絲Carrie說過：「每個人都嘛是外貌協會的一員，只差在你是會長、副會長、資深會員或一般會員。」真可謂至理名言啊！

所以，當你今天在任何場合遇到新對象，或是與某人約會時，你看起來如何就等於開始自我介紹了。

但大家別以為所謂外在形象只有顏值，膚況、髮型、身型、穿著、配件都包含在內。

更細節一點，還有眉型、指甲、鼻毛、氣味等。如果你是「汗味戰士」，別說累積好印象了，對方有非常高的機率會想盡辦法脫身。

另一個觀察重點，就是你的**言行舉止**。說話時的聲音、表情、肢體動作都不斷在影響對方產生正面或負面的印象。

善用非語言訊息，不但讓你的表達更吸引人、勾起對方想與你互動的欲望，也能展現出自信、幽默等正面印象。

管道二、聊天

更精確地說，是你經由聊天分享「故事」，並藉由這些故事來激發正面印象。

當我們與別人約會時，你不可能直接條列優點給他，例如「妳好，我是瑪那熊，我是心理師，目前有一台車，興趣是野外露營、爬山、攝影，個性活潑、喜歡交朋友。」若你約會或自我介紹這樣講，保證對方覺得你超怪啊！

但若是「哈囉，我是瑪那熊，工作是心理師，不工作時蠻愛往山上跑。像前陣子我才揪了我弟跟他朋友，一群人開車去武陵農場露營，雖然是夏天但很涼爽，而且還拍到銀河哩！」

對方在我的故事中，會開始產生印象，例如：

「他可能有車，或至少會開車。」
「感覺蠻陽光活潑的，喜歡大自然。」
「好像不是個阿宅。」
「拍到銀河？該不會有在玩攝影吧？」

透過聊天來分享故事，讓對方大腦說服自己「眼前這個人有哪些不錯的特質或優點」，**白話就是讓她腦補**。

若你想要脫單，就必須跟對方聊得來；想跟對方聊得來，你必須有話題，而約會能聊的話題來自三種故事資料庫。

1.別人的故事

　　也就是跟你無關，或你不認識的人。

　　例如館長的康復狀況、海龍王彼得的投資心法、中信兄弟的詹子賢是否又軟手變成詹子晴。

　　你可以從報章雜誌、新聞八卦、YouTube、FB、IG，甚至PTT跟Dcard蒐集到一大票。這類故事很適合開場，但不能一直講，否則會造成反效果。

　　為什麼？因為這些故事不關你的事啊！對方無法從這些故事來認識你，更沒辦法看見你的優勢。

2.朋友的故事

　　大家身邊的強者我朋友的故事。例如同事去澎湖玩回來曬超黑、大學同學剛辦了超豪華的婚禮、多年好友竟然辭了工作去創業。

　　要累積這類故事很簡單，只要有朋友就行了。聽到這裡，可能會有人心裡吶喊：「瑪那熊你是嗆我嗆夠沒？啊我就邊緣人沒朋友啊！」

　　如果你真的有這困擾，我要認真跟你說件事：「如果你想

交男朋友或女朋友，請先學著交到朋友。」

　　為什麼？因為**親密關係是人際關係中的一環，如果你連基本的人際互動能力都沒有，想直接交男女朋友，其實是在越級打怪，很容易被各種打槍**。先從交朋友練習聊天、提升臨場反應，再來交男女朋友才會事半功倍。

　　提到強者朋友的豐功偉業，能間接讓對方產生好印象，這是一種社交認證，畢竟「有朋友」這件事本身就是加分，對方通常會覺得「眼前這人的溝通能力大概不會太差」「這個人應該不是怪咖，因為交得到朋友」「他的朋友蠻不錯的，那他本身應該也不錯」。

　　罷特，朋友的故事和別人的故事一樣，都像是櫻木的左手，只能是輔助。你不能每次聊天或約會都在講「我有個朋友阿熊，他最近去武陵農場拍到銀河哩！」「你還記得我上次說的朋友阿熊嗎？他前年楓葉季跑去京都的西芳寺，看照片超美的啊！」「對了，我朋友阿熊，他準備出第二本書哩！」

　　如果你一直講朋友的故事，很高機率你的約會對象會問：「那個，不好意思，我蠻想認識你朋友阿熊欸，有機會大家一起吃個飯？」這樣就很尷尬了。

　　既然前兩種故事都是輔助，那主菜是什麼？**當然就是你自**

己的故事。

分享故事的目的在於讓對方認識你，或者更精確地說，是讓她看見並腦補你有什麼特質、優點，進而產生好印象。

所以擴展生活圈是非常重要的事情，因為能大量產生好印象的話題，大多來自生活中的有趣故事與獨特經驗。

大家可以想像一下，如果某人每天下班後，以及放假時都在家裡晃來晃去，或是休閒娛樂非常單一狹隘，對絕大多數的人事物都缺乏興趣，也不去接觸，那……他要跟對方聊什麼呢？

唯有生活圈擴大，你才會有更多的故事，並轉為聊天話題。與對方互動時，你的故事加上對方的觀察，會逐漸向上形成好印象，好印象累積夠多，又會向上變成好感，最終引發對方心動的感覺。

當然，話題有了，你接下來就需要表達與說故事的方法，以及如何提問、接話、運用非語言來引發對方想持續互動的意願。這些技巧，歡迎參考我上一本書《一開口撩人又聊心》，裡面有詳細教學與練習表單。

「瑪那熊，你說聊天主力是故事，難道聊一些專業知識、個人評論不行嗎？我想讓她知道我是個有內涵、有想法的人啊！」

請讓我用一段經歷，來回答這問題。

常見的三種NG約會聊天

「瑪那熊，你們男生是不是真的很不會聊天啊？」某個週末夜，一位女性朋友傳了這樣的訊息過來。

「咦，為什麼這樣說？」我忍住心中想反駁的衝動，先反問回去。

「就……怎麼我遇到好多男生，都只會尬聊超冷場。」

「我覺得啦，尬聊不分男女啊。」可惜不是當面對話，不然我一定加上右手搔後腦，「妳遇到什麼情況哩？」職業病使然，我好奇地追問。

「他們也不是不講話，但會講很快，然後很喜歡下評論或發表一堆意見，我聽到都快睡著了，對方還是講不停啊。」

原來這朋友遇到**「錯把約會當開會，聊天變成研討會」**的男性了，而這的確是不少男性無意間會犯下的錯誤。最常見的狀況有三種，包括：

一、開會提案人：細節繁瑣講不停

這類男性並不缺話題，但他們在描述時會鉅細靡遺地不放

過任何細節。

例如分享與朋友聚餐的故事，連幾點幾分出發、搭了幾號公車、轉什麼線捷運、餐廳的位置與網路評分、點的每道菜、花了多少錢、同行者的名字與背景，全部急著一次說完，彷彿機關槍般說個不停，完全沒留意到對方的狀態是專心傾聽，還是早已放空甚至微微皺眉。

諸君，**聊天的本質是製造互動的藝術**，單方面說不停，會迅速降低聆聽者的專注程度。

很多人把職場開會的習慣，直接挪在約會使用，明明是分享自己的故事，卻搞得像在提案報告，太過詳細又缺乏互動的結果，就是對方心神早就飄走。

☕ 二、政論節目來賓：批評指教全都來

另一種約會老是NG的男生，講起話來頭頭是道、辯才無礙，喜歡評價人事物、分享個人意見。雖未必高談闊論，卻常用「我認為……」「照我的看法……」，或習慣非要辯出個是非高低，以「這樣不合理」「那樣不對」開頭，然後滔滔不絕發表評論。

這種類型就彷彿是政論節目的來賓，各有立場與觀點，討論某個主題時總是大肆發表意見、嘗試說服其他人。

但約會聊天，絕不能將這套習慣搬來現場。雖然分享個人

想法，可以讓對方更清楚你的價值觀，但務必適可而止，尤其若雙方才剛認識不久，實在沒必要爭對錯。

若太常在約會時評價別人、評論時事，只會讓氣氛愈來愈緊繃，甚至吵起來、不歡而散。

三、學術研討會：專業知識大轟炸

我曾經主持一場聯誼活動，迄今仍記憶猶新。

我邀請大家說一個自己的優點，有位男生舉手說：「我對大氣科學小有研究。」

要知道，通常男性說小有研究就代表深入瞭解，果然這位成員開始向大家說明「颱風是如何形成的」。

三分鐘後，我觀察到同桌不論男女，都開始有點尷尬與放空，好在有位女性介入救援：「請問，為什麼會想研究颱風呢？」

「就想知道會不會放颱風假啊。」他回答。

大家聽了都笑出來，專注度瞬間回來，氣氛也輕鬆許多。接下來，這成員只要分享難忘的颱風經驗，或颱風假曾做過什麼有趣事情，很容易就能跟大家聊起來。但……

「對了，除了颱風，我也研究台北的降雨機率。像是今天因爲有鋒面，所以明天開始……」這老兄持續幫大家上課，氣氛再度凝結。

　　我只好強行打斷，以「時間不太夠了，還有成員沒講到」爲由，將麥克風拿回來，並模仿胡瓜的聲音說「下面一位～」重新把新鮮空氣注入凍結的空間中。

　　我的確見過一些男性習慣在約會或聯誼時做類似的事。**他們大部分並非刻意想炫耀，而是沒有太多自己故事可說，或缺乏生活有趣經驗，只好講最熟悉的東西：工作技能、所學知識、擅長的專業。**

　　很可惜地，大部分女性不會覺得「哇，他好有學問喔！」「天啊，這男性眞是專業！」也很難因此產生好感。

　　別誤會，你擁有這些專業，是非常棒的內涵。但約會不是學術研討會，尤其**在互動前期，務必先以生活化的故事爲主**，而非太過艱深的理論知識。

　　若將約會比喻成閱讀，我們想翻閱的是漫畫、生活或流行雜誌，而非可以當作枕頭的專業原文書。

　　試想工作忙了整天甚至一週，帶著疲累的身軀迎接約會或聯誼，我們當然期待輕鬆有趣的氛圍，而非被灌注要不斷動腦的硬知識。

如果你想分享一些比較有深度的內容，那不妨找些好玩新奇的冷知識，或將重點擺在與自己的連結。

　　如上所述，別太認真講解颱風的形成，而是延伸到難忘的颱風經驗。若我在約會時提到八八風災，絕對不會跟對方研究這颱風為何造成這麼大的災害、水土保持的重要性，而是分享當年與一群諮商實習的夥伴，前往作為臨時安置中心三地國小，帶領當地小朋友進行團體輔導的故事。

　　同樣道理，我不會跟你詳細解釋用了什麼諮商理論、用哪些標準評估孩子們的身心狀況，而是聊那段時間發生的趣事，以及離別時深受感動的片段。

　　最後，請記得約會不是你的個人舞台。有些男性話匣子停不下來，還可能是受到一些網路把妹文章的影響，認為男性就是要Carry全場，或要盡量展現出高價值，讓女性崇拜、尊敬，於是不停講話深怕冷場，或是一直提自己的豐功偉業，想藉此吸引對方。

　　可惜的是，**這種聊天方式往往讓人覺得不舒服，或是在心裡將你貼上自我中心、自以為是、自大難相處的標籤。**

　　有時分享、有時提問，一下我講、一下她說，這種策略才會讓雙方都有參與感，幫助對話延續。

開會型情人吃虧，約會型情人吃香

那聊天到底該怎麼聊呢？

情場高手都清楚知道，約會目的是雙方輕鬆自在、愉快開心度過一段時間，且藉此讓兩人都更認識對方，也幫助關係更靠近。

因此在話題的選擇上，盡量以**貼近生活、新奇有趣**為原則。例如同樣是「排隊買口罩」，開會型情人會提出看法，認為應該怎麼改善；約會型情人則分享「某藥局提供排隊民眾試用品，增加業績」這類比較輕鬆的新聞。

聊天的主軸是分享生活故事、日常趣事、過去回憶、心情感受、心得想法、未來夢想。

是的，這些都跟解決問題沒啥關連，**因為聊天本來就不是要解決問題，而是促進雙方交流，更瞭解對方的生活與內在。**

此外，約會型情人不會急著把故事講完，而是透過提問來製造互動，或是達到賣關子效果，讓對方更想聽你說話。

最後，開會型情人聚焦在「理性」，總是分享一大堆看法觀點，而約會型情人會分享心情、感受，用感性來達到心靈交流的效果。

下次約會，你應該知道該當哪一種了吧！

脫單第四課：

大數據分析：
你極可能遇到的關卡

突然被封鎖
怎麼辦？

前面我們從培養能吸引女性的武器開始，到讓你掌握約會對象的管道，以及如何成功透過約會引發好感，幫助各位夥伴有了明確的方向與SOP。

接下來，我會從十年的約會教練經驗中，擷取最多人在脫單上的困擾，詳細分析並提供解法給大家。

冷靜！千萬別暴衝！

首先，很多人（或許包括你）遇過的窘境是：認識對方、也聊了幾次，爲什麼突然被封鎖？當透過各種管道（參加活動、聯誼、街搭、app、別人介紹、相同生活圈）認識女性後，首先會遇到兩道關卡。

第一是無法跟對方聊得來，只要女性認爲跟你互動很乾、很無聊，自然就會開始保持距離（a.k.a.已讀不回），後續要製造曖昧更是「免肖想」。

然而，各位反而不須擔心這部分，因為不論是我上本書《一開口撩人又聊心》，或是我在PressPlay的進階訂閱課程（詳見封面折口），都有大量範例傳授你聊天技巧，讓你跟對方自在互動。

第二道關卡則出現在跟對方開始聊起來，但還沒到很熟的階段。這時很多男生覺得自己有機會，似乎看見脫單的一線曙光，結果衝太快、將原本一手好牌輸光。這個階段的特色如下：

1. 互相分享生活趣事（不會只有打招呼或一問一答）。
2. 偶爾聊較深入話題，例如心情、過去經驗、未來規畫。
3. 有過一兩次約會，但不是常態，也未必是一對一，可能是團體聚會。

到達這階段，你們已經有基本交情了，但離進入她的「考慮清單」還差一點。

你應該做的，是穩穩繼續互動、拉近距離，讓約會次數更多、更常聊日常與深入話題。以下則是我多年經驗中，此階段男生最常犯了三種錯誤行為，務必要避免。

害你被封鎖的三大地雷

⛏ 地雷一：想幫對方單獨慶生

慶生聽起來很棒對吧？你腦中可能有一大堆浪漫的idea，想幫對方規畫甜蜜蜜的慶生。

修但幾類，別說不是她男友，你們之間連曖昧氣氛都還沒出現，你什麼時候有了幫對方慶生，就能脫單的錯覺？

很多男性誤以為當好人、付出就能獲得好感，但你急著做出下個階段才能做的事，只會讓對方尷尬、有壓力。

這並非要你裝作不知道她生日，這天還是可以好好利用，讓雙方拉近關係。

破解法1：當成話題

你可以用生日當作開場來聊天，例如「好像有人生日快到囉～」「打算怎麼過呢？」邀請對方分享她的生日計畫。

記住，就算她說「還沒規畫」「自己過吧」，也別腦衝直接約，可延伸話題為「誒？是最近太忙嗎？」「喔？你通常不過生日嗎？」「你最特別的生日經驗是什麼？」

別忘了前面「不要打破砂鍋問到底」的原則，改用自己過生日的獨特經驗取代不斷提問吧。

若女方是你的同學、同事，或你們有共同朋友、屬於同個社團或團隊，不妨嘗試召集大家來幫她慶生，既能製造親切、細心的形象，又不像單獨慶生那麼躁進。

但記得，規畫團體慶生時，可多找其他人幫忙，避免自己扛所有的事情，才不會成為工具人且意圖過於明顯。

換句話說，透過多一兩位共同主辦人，來沖淡你的意圖，但又讓對方增加好印象。

☕ 地雷二：送手工禮物

台灣男性非常喜歡在這階段送女方禮物（讓我想起古早的日本戀愛遊戲）。

送禮物這個行為本身已經在傳達你的意圖，如果你又送手工禮物，等於是在跟對方說：「嘿，我希望你當我女友。」

注意，**明顯表達意圖並非不好，然而這是在曖昧階段才該做的事**。你們還處在才剛聊起來階段，秀出太明顯的意圖，只會讓女性覺得不自在。

破解法：製造合理藉口

送禮物絕對OK，但記得愈簡單愈好，最好是「我今天跟朋

友去某某活動，看到這個不錯，順便買的」這種情境。

很多人以為禮物要特別、強調費時間精力去取得，女方才會感動。Buddy，感動是在雙方已經很曖昧，甚至交往後使用，才會有好效果；在這階段，**男方以為的感動在女方眼中叫壓力，不可不慎**。

反之，當你的禮物簡單、自然，對方也才能輕鬆無負擔收下。同樣道理，禮物絕對不要買貴，你花的錢愈多，對方愈有理由不收（除非你今天擺明想吸引的是拜金女）。

☕ 地雷三：伴手禮

這點是送禮物的延伸，很多人想說「出差／旅遊買的禮物拿來送，夠合理了吧？」

順便買的禮物當然比較自然，但若明明有共同朋友、同事，只買伴手禮給她也會秀出太明顯意圖。

最NG的是在一群人面前大喇喇拿給女方，還刻意強調「我特別為妳選的」「我專程跑去某家名店買的」。

為什麼男性容易會踩這地雷？**因為男人是種很容易參與競爭，同時也害怕競爭的生物**，所以有些人會刻意想昭告天下：「我在追她，其他人別想跟我搶。」

但等一下，對方又不是你女友，怎麼一副她屬於你的態度？這種思維會讓你變得緊迫盯人、容易吃醋、限制對方，

不斷給女性壓力的後果，應該不用我多說了。

破解法：人人有獎，但她加碼

不要只買對方的伴手禮，而是也送其他人。

如果是同個單位、辦公室，不妨來個人人有獎，且最好是大家可以分的東西（例如甜點、食物），只要簡單說句：「這是當地有名的甜點，買回來給大家吃」，氣氛就會自然多了。

如果你跟對方不是同個圈子怎麼辦？也很簡單，只要傳遞「我這次買了一堆要分給朋友們，也拿一份給妳吧！」即可。

若跟對方互動良好，這招進階技巧學起來：除了送給大家伴手禮（包括女主角），多買個小東西私下送給她。

也就是人人有獎，但妳的稍微獨特一點。例如除了大家分的蛋糕，「我記得妳愛吃抹茶，所以順便買了抹茶餅乾給妳。」

最後，送伴手禮之餘，**趁機與她分享你出差／旅遊中的趣事**，才是更重要的動作。畢竟在這個階段，你需要持續與對方聊天，增加熟悉度，好進入之後的曖昧階段！

要特別留意的是，有些把妹教練會提倡「直接展現意圖」以免落入朋友圈、浪費太多時間。

如果你的目標是短期關係（一夜情、遊戲式愛情），那盡快講破的確比較有效率；但對於想尋求長期關係的多數人來說，在還沒有製造好感前急著展現意圖，只會讓女性覺得尷尬。

更何況，你什麼時候有了女性很遲鈍的錯覺？當你常跟對方互動，女性多半就知道你對她有意思，若她也跟你愈聊愈熟，明顯就是不排斥再試試，但你一下就講破，等於直接把底牌秀給對方看，這盤遊戲還有什麼好玩的？

「好像有，又好像沒有」才是曖昧的精髓！別把自己搞得像是發情的野獸，聊沒幾句就急著傳遞「我想進一步」的訊號，只會被當精蟲衝腦的瞎咖！

交友app或聯誼一直被打槍，怎麼辦？

　　多次提醒各位，自我介紹最好的方式，是從聊天分享故事中，讓對方自己腦補你的優點。

　　但在某些場合，例如Speed Dating、交友app的個人資料，或約會時對方直接問：「你覺得自己有什麼優點？」「你覺得自己的特質是什麼？」

　　別以為不會有女性這麼問，我聽過好多例子還真的就這麼直接，這時就必須轉為「先給資料，再找機會搭配故事」的策略。

　　在這種需要展示關鍵字的情境，常出現男性以為是優點，但女性看了很傻眼的窘境。

　　依照我在婚戀平台觀察、諮詢的經驗，若你在初次與女性接觸的場合（或交友app的自我介紹頁面）提到以下三個「優點」，其實在女性眼中很容易成為「缺點」，自然會被打槍。

NG自我介紹關鍵字

一、專情

· **你以為的專情是**：不花心、單一、有定性、對感情認真、對女友很好。

· **女性腦補的則是**：嘴砲、魅力低、沒有特色、戀愛經驗少、不太會跟女性互動。

許多道德教育告訴我們，對伴侶忠誠專一、執子之手與子偕老，是天經地義、自然而然，浪漫又溫馨的事情。

雖然某些PUA走的是劈腿、砲友路線，或是拿什麼生物本能來正當化多人運動這種行為，但對普羅大眾來說，我們還是較傾向找個合適對象，從一而終。

我曾用心理學角度解析這議題：科學家們透過研究證實，人類大腦中的催產素具有鼓勵單一伴侶的效果，有興趣可以從網路或PressPlay找到我這篇文章。

「欸不對啊，瑪那熊你也覺得專情很好，那為什麼又叫我們別說自己專情？」

很簡單，因為**專情要有價值、能為你加分，前提在於它是種選擇，而非結果**。

什麼意思呢？意思是當你「有機會不專情，卻選擇了專情」才有意義，若是我不得不專情、我被迫專情，那所謂的專情其實毫無價值。

白話來說，**當你擁有其他許多優勢與條件，才有資格說自己專情**。若你魅力不高，專情充其量只是你無法吸引其他人而造成的結果。

舉個例子，金城武說他專情，你會覺得了不起；一位母胎單身的肥宅說他專情，你只會覺得「乾，那是因為你交不到吧？」

因此，當你在個人介紹寫「專情」，其實容易讓人腦補成魅力不高、選擇很少或幾乎沒有、戀愛經驗少。

這裡又涉及另一個常見的迷思：「戀愛經驗少不好嗎？」對台灣男性來說，雖然未必有過時的處女情結，但大多仍不希望女友有太豐富的交往經驗，除非你原本就設定是找遊戲式愛情，那自然不在意。

然而對女性來說，母胎單身太久則容易有負面的聯想，例如魅力太低、可能有什麼奇怪的特質、不懂得跟女性互動。

因此，提醒各位夥伴，**專情是一件你可以默默做，但不需要說出來的事情，更重要的是，請在交往後才專情**。

八字還沒一撇的約會階段，多認識對象是件好事。除了增加自己選擇、提升互動能力外，也能避免得到天命真女症！

☕ 二、善良

☺ **你以為的善良是**：豐富同理心、熱於助人、善解人意、溫和溫柔。

☺ **女性腦補的則是**：自以為是、想法單純、容易被騙、不善言辭、社交能力差。

「善良」絕對是一個很棒的特質，代表你不會刻意攻擊或批評別人，也比較有同理心，且願意與人建立正向連結，這與阿德勒心理學所說的社會情懷相近，是人類非常重要的元素。

「欸不對啊，瑪那熊你把善良講得這麼好，怎麼又不讓我們跟女性說？」

原因也很簡單，善良是來自別人（周遭跟你熟識、或接受你幫助的人）的感受，若由我們自己講出來，會產生一種「自以為善良」的負面印象。

另外，善良雖然帶有無心機的味道，卻也容易跟單純、天

真、不諳世事、不懂人情世故連在一起，因此請勿在自我介紹時，直白說自己善良、熱心助人。

該怎麼展示這個特質，才能避免負面聯想？請試著從故事切入，分享你當志工或助人的經驗，**讓對方「腦補」你是個善良、熱心助人的Nice Guy，絕對比你自己說「我蠻善良的」還有效太多啦！**

也請記得，分享將重點放在過程中的有趣故事，而非條列自己當過哪些機構的志工，才不會變成炫耀大會，讓對方偷翻白眼！

☕ 三、工作認真

☺ **你以為的工作認真是**：認真負責、努力賺錢、有責任感、可依靠。

☻ **女性腦補的則是**：工作狂，整天忙著工作、不懂經營生活。工作壓力很大、身體不好、吹毛求疵、管東管西、給人壓力。

受到過往長輩「好好念書、努力工作，女孩子就會喜歡你」的勸勉（洗腦？）影響，很多男性以為工作認真是個超棒優點。

別誤會，我不是說工作認真不重要，**但如果你生活只剩工**

作，那可就極度悲劇了。

　　不論從心理學來看身心健康，或從脫單這件事來看吸引力，我們未必能達到工作結合玩樂這種高階境界，**至少要往會工作，也懂生活邁進。**

　　若你單純說自己工作很認真，女性並不會覺得你是魅力極高的男性，反而容易腦補你只會工作、都在工作。請別在個人資料寫這項，即使當面約會也別大剌剌這麼說。

　　想聊工作？請先從職場中的趣事開始，可以是與同事的互動、聚餐，也不妨聊起尾牙經驗，甚至員工旅遊（如果你老闆夠有良心的話）。

　　為何選擇這份工作、過程中的成就感、未來的方向與目標，則是可進階分享的話題。

　　當然，引發對方對你工作產生好奇後，別忘了「順便」提起你完成某個case的成功經驗吧！同樣讓她自己腦補，你是個工作認真且有能力的傢伙！

價值觀不同
怎麼辦？

　　上節我們談了「你自以為，但對方不認為」的優點，這回來破解另一個許多人擔心的地方：「聊到一半發現她的看法跟我相反，怎麼辦？」

　　當聊天遇到價值觀不同時，你很可能慌了手腳。堅持個人意見怕氣氛尷尬，順著對方又像沒原則濫好人……到底該如何因應才好？

將困境轉為機會的兩個關鍵

☕ 關鍵一、出現價值觀不同，代表是個機會

　　多數情況下，雙方會聊到彼此價值觀，或約會對象向你透露她對某件事的看法，通常奠基於你們前面已經聊開了，甚至從單純分享故事進化到自我揭露。在人際心理學角度上，這象徵雙方關係已經逐漸靠近。

因此，聊天中兩人價值觀不同時，先別自亂陣腳，反而要先慶幸先前的互動有收到效果。

關鍵二、聊天不是辯論，而是持續分享

　　雙方價值觀不同，So what？你們已經確定要結婚了嗎？已經講好交往了嗎？我以十年的心理師經驗可以告訴你，**即使交往、結婚，價值觀不同都未必會直接破壞感情**，別把它看得太可怕。更何況，你們目前還只是在約會啊，根本不用想到這麼遠。

　　你不需要擔心，更別想跟對方爭對錯，重點應放在如何運用這契機，製造分享、更了解彼此。

　　有了以上兩個心法，我們來看實際遇到雙方價值觀打架時，如何運用三步驟完美接球與回應呢，給予關係正向效果呢？

Step 1：沉住氣，先肯定

　　當對方願意分享自己的看法、意見時，即使你覺得不認同，或跟自己觀點迥異，也要忍住想反駁、質問的衝動。

　　多數的價值觀沒有絕對的好壞對錯，尤其是生活或生涯面向，往往僅是各人切入點不同，而做出的選擇。

　　與其說是價值觀，它們更往往是種中性無對錯的習慣。所

以，你第一步是表達肯定。所謂肯定，在我上本書提到，使用簡單、中性、淺顯的詞彙即可達到好效果。例如：

「嘿，妳這看法蠻有意思的。」

「妳的方法蠻特別的欸！」

「聽起來蠻有趣的呢～」

Step 2：從「表面價值觀」引導至「深層價值觀」

很多人在聽到對方的價值觀跟自己不同，就會焦慮。然而這時，你聽到的其實只是「表面價值觀」，尚未觸及隱藏在下方的細節。

同一個表面價值觀對不同人來說，往往有迥異的原因，例如「我覺得考公務員比較好」，對A女來說是因為她喜歡routine的工作模式；但對B女來說則考量要負擔家計，所以穩定收入、高退休金是主因。

在聽到表面價值觀時，別急著給對方亂貼標籤、下判斷，而是發揮你的好奇心，透過發問進一步了解更重要的「深層價值觀」，也就是更細節的想法、深層動力，就如上面AB女的例子，簡單來說就是價值觀背後的理由。

旅行喜歡自助是表面價值觀，或許你習慣跟團玩，雙方價

值觀不同。但別擔心，別將這話題當成禁忌，反而你應該多聊。

「為什麼呢？」「什麼原因呢？」是你可以接的萬用問句，來引導出下方的灰色框，也就是深層價值觀。

它們通常不只一層，聊愈多就能看見更多。千萬別因為乍聽對方的表面價值跟你不同，就不想或不敢再聊下去！

除了發問，你也可以分享自己的觀點，絕對不要擔心和對方不同會被討厭，在愛情心理學上，相異性也能製造好感。

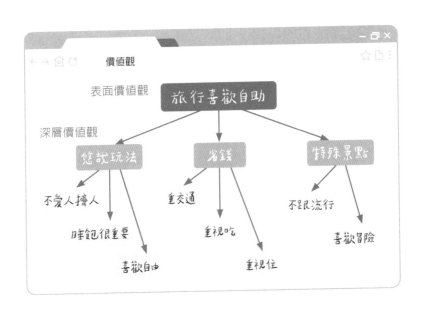

Step 3：觀察反應

雖說是Step 3，但它其實有兩個不同的時間印記用法：當下與後續。

☺ **當下評估**：若對方提到自己的價值觀是「不小心」，面對你的發問避重就輕、草草帶過，那千萬別打破砂鍋問到底，這通常代表對方認為關係還不夠熟，或是眼前的話題不想多聊。

另外，除非已經旁敲側擊知道有共通的同溫層，聊價值觀也務必遵守「政治、宗教」不碰的原則。

☺ **後續確認**：在日後互動中，觀察對方的言行跟她所說的價值觀是否一致。特別是當你有考慮將對方納入長期交往名單中，就必須留意她的行為有無符合，以免眞的交往後才發現上了賊船。

例如對方說「我覺得男女應該平等，吃飯go dutch」，但每次約會要付錢時總是接電話裝忙、去洗手間，當你買單後就當沒事發生，出現這種言行不一的行為時，各位男士就要小心啦！

我都在工作沒話題，
怎麼辦？

　　有看過我的書的夥伴，一定知道聊天話題來自生活經驗是**我不斷強調的重點。**

　　例如跟朋友聚餐、享用美食、外出旅遊甚至出國等，都能產生許多哏，在約會或搭訕時隨手拈來開場，也能在對方講到某些事情時，用相關的故事來接話，營造出雙方聊得來的強大氛圍。

　　然而，我們不可能一天到晚吃高檔美食、旅行、參加活動，尤其防疫期間別說出國，許多室內活動也得喊卡。

　　生活中的點點滴滴，其實也是重要的聊天話題，且能有效製造好感。尤其台灣普遍高工時、慣老闆又多，話題絕對不會憑空出現，得靠自己把握日常來蒐集。

別小看零碎時間的威力

當我們能主導的時間不多時，該如何創造優勢？那就是**妥善運用時間，尤其是零碎時間**。

若你本身住在大眾運輸較為發達的地區，其實擁有很大的優勢；若不在交通網密集的都會區，相信各位仍有搭乘台鐵、高鐵，或是到都會區旅遊、出差的機會，這時就得好好把握本篇講的內容，為自己擴展話題庫。

☕ 一、別浪費時間低頭滑手機

我認真告訴大家一句話：**想脫單，從戒手機開始**。

你各位回想一下，搭車滑手機都在幹嘛呢？回覆重要的訊息？處理工作？學習新東西？

恐怕都不是吧！我們通常搭車滑手機，只是東逛逛FB、西看看IG，看個論壇或PTT、Dcard，大多是在接收不怎麼重要，甚至沒啥必要的資訊。

這些東西並非不能看，不妨在家時用來打發時間，**當你人已經在外面時，就別浪費時間做這些事情**！

☕ 二、仔細觀察周遭，蒐集話題

不滑手機，那要幹嘛呢？寧可休息補充精神，或看看附近

的妹子提升脫單動力都好。

當然，你也可以看車上男生的衣服、配件或鞋子，記下怎樣的穿著很NG、邋遢，怎樣的搭配有型、好看，強化自己的美感與品味。

不論你做什麼，多觀察絕對不吃虧。**觀察力就是留意細節的能力，需要透過經驗累積、培養。**

第一個好處是對人際互動有幫助，透過注意對方的微表情、肢體動作來看穿她的情緒與意圖；第二個好處則是本文重點：增加聊天話題。

當你仔細觀察周遭，發現有趣、獨特、神奇的人事物時，務必記錄下來（情況允許建議拍照），這類小卻有趣的話題非常適合在網聊時擔任開場角色，或是在當面聊天時，拿來填補一個話題聊完，雙方短暫乾掉的片刻。

別以為聊天只能聊各種高大上的故事（高檔美食、國外旅遊、星級飯店、看展聽表演），貼近生活的趣事也非常重要。這類話題彷彿正餐之前的清爽開胃菜，看似不起眼，卻起了重要的暖身作用。

建議各位平常生活中多留意，並準備幾個這類話題，在約會或搭訕時都非常好用。以下分享幾個，我在公車與捷運上蒐集到的趣事：

一、司機是王傑

某次搭公車看到司機的名字，當下嚇了一跳，想說該不會這麼巧，遇到這位當年超紅的浪子歌手吧？事實上當然不同人，但同名同姓也蠻有趣。

可延伸聊的話題：是否聽過王傑的歌／其他喜歡的歌手／常聽的音樂／最近很迷的歌曲／演唱會經驗／KTV唱歌的經驗或趣事／彼此最會唱的歌曲等

二、巧遇悟空

這也是搭公車看到，立刻回想起童年記憶。

可延伸聊的話題：動漫／相關活動（cosplay的朋友、動漫展）／童年記憶（灌籃高手、幽遊白書、七龍珠、多啦A夢）／穿搭風格／日本旅遊等

三、無尾熊

有些公車司機很可愛，會用心布置自己的車。這是某次錯過原本班次，多等了十分鐘搭到的車，有種因禍得福的感覺。

可延伸聊的話題：其他搭公車趣事／可愛動物／彼此養過的寵物／動物園／日本貓頭鷹之森／布偶、夾娃娃機等。

四、街景創意

除了車內的人事物，窗外的景色也很適合作為聊天素材，例如右圖的建商廣告。台灣建商的取名愈來愈有創意（金城舞、高妍植、城易迅等），也是個很好的聊天話題。

可延伸聊的話題：藝人明星（若建案名稱是人名）／哪個朋友最近買房／租屋經驗／自己家裡布置想做些什麼改變／其他看過的有趣建案名稱／聊逛街趣事／想買或曾買過的精品等

最後提醒各位，搭車戒手機其實沒那麼容易，因為我們的習慣已經養成許久，我當初也是花了點時間才慢慢調整過來。

你如果忍不住想滑手機，可先設定鬧鐘（五分鐘，最多十分鐘），當鈴聲響起就收回包包裡吧！

多觀察車內布置、乘客、車外風景，你會逐漸進入一個新世界，發現聊天話題真的不難找！

情敵出現了，
怕爆怎麼辦？

當你接觸、認識一位（或多位）女性，開始與她們互動、約會後，未必一帆風順，直達交往的Happy Ending。

過程中很可能有其他競爭對手出現，也許你會說：「什麼？怎麼可以？」但Buddy，當然可以。

你什麼時候有了只有你可以追她的錯覺？情場如戰場，沒人在講什麼先來後到、溫良恭儉讓啊！

「怎麼辦？有另一個人也對她有好感……」
「他好像約她出去，而且她也答應了……」
「這樣下去，她就要被追走了啊……」

找我一對一諮詢的男生中，有不少都曾遇過類似的情況，並詢問該如何因應。

情敵是許多男生唯恐避之不及的情場佛地魔，搞得好像只要情敵出現，自己心儀的妹子就會投懷送抱。

別擔心，我將告訴你，當對手出現時，如何處變不驚、戰勝情敵。

絕不可落入的自爆陷阱

若你發現自己進入下面這個流程，與你心儀對象的距離便會不斷拉遠，尤其愈後面愈難逆轉：

1. 擔心對方被追走。
2. 開始緊迫盯人、傳大量無意義的訊息、控管對方行程、硬要邀約。
3. 女方開始保持距離，你更加焦慮並擴大緊迫盯人行為。
4. 高度焦慮、害怕失去對方（或許再加上被朋友、網路鄉民慫恿），直接衝告白。
5. 極高機率被打槍。
6. 不甘心，繼續糾纏、盧洨，導致名聲臭掉、被封鎖。

會掉進這種陷阱，主要的心理因素有二：

一、占有欲

這是很多男性的盲點。占有欲本身是人之常情，甚至如果

妥善利用，能讓女性更加被你吸引。

但若你們剛開始認識、互動不久，或不過也才約會個一兩次時，你表現出來的占有欲絕不會像是言情小說的霸氣總裁，反而讓對方提高戒心、感到壓力（畢竟這幾年，恐怖情人的新聞實在太多）。

破解法

在你因為情敵出現，急著想跟女性互動前，務必心裡唸三次：「她現在還不屬於我、她現在還不屬於我、她現在還不屬於我。」

你根本還沒擁有對方，雙方也尚未交往，你根本沒資格去管對方跟誰互動；更何況，有其他對手出來，不正代表你眼光正確、這位女孩兒確實不賴？

記住：這個階段管愈多，就是把她推愈遠。

二、嫉妒心

人從童年開始就習慣競爭：與兄弟姊妹搶父母的關愛、與同學搶老師或其他同學的目光、與同事搶主管的信任等。

當情敵跟妹子聊天、甚至約出去時，因為「他有，我沒有」，你當然會嫉妒人家。

不要以為嫉妒心很負面，如同占有欲，這也是人之常情。

糟糕的是因為嫉妒，開始想盡方法攻擊情敵，例如批評對方的背景、學歷、工作、言行，這絕對是扣分的行為。

破解法

請思考一個問題：你能控制女方要不要跟別人聊天約會嗎？很遺憾，我們無法。

你硬要控制別人、管東管西、醋勁大發，甚至在那邊裝可憐、用情緒綁架對方，都只會讓她愈來愈不舒服，甚至不爽起來：「欸，老娘跟誰講話、和誰出去，關你屁事？」

請你再思考一個問題：你能控制情敵的行為嗎？也很遺憾，我們無法，畢竟手腳口舌長在他身上，他想怎麼進攻不須經過你同意（甚至不會讓你知道）。

既然你無法控制妹子與情敵，那你能控制誰？當然只有你自己啊！

與其嫉妒情敵、整天擔心對方做什麼，不如持續提升自己、好好跟妹子互動，才是最有效的攻略法。

情敵出現，**最好的因應策略就是根本不管他**。照自己步調聊天、約會、製造曖昧。

如果你總是非常在意情敵，只代表一件事情：**你本身缺乏自信，才會預先腦補情敵比你強、比你厲害、比你有吸引力。**

但這些是事實嗎？其實未必。對方搞不好根本不知怎麼吸引妹子，也沒像你買書參考、或訂閱我的線上課程來提升自己，很有可能你根本不用做什麼，他就盧洨自爆，反而更凸顯了你的優勢。

誰說情敵會是絆腳石？他也可能是你的墊腳石啊！

那如果對方真的魅力破表呢？剛才說了，你無法控制或阻止他，與其關注別人、恨得牙癢癢，不如強化自己吧！

即使這個女性最後選擇對方，你也還有其他對象或機會，重要的是你有沒有持續提升魅力，別把目光別看得這麼短！

最後，提醒你**絕對不要跳進軍備競賽的陷阱**，也就是跟情敵玩起誰是超級工具人的蠢遊戲。

對方約王品，你就約莫爾頓牛排或茹絲葵；對方送Pandora，你就買Tiffany；對方開Q30接送妹子，你就硬要壓身家買外匯C300來載。

Come on！你不但在浪費自己的金錢與精力，耽誤自己的大好前程，還在跟情敵合力養公主！

再強調一次，**跪舔、討好絕對不會讓女性愛上你，反而會降低你的魅力與格調！**

我該告白嗎？

網路上眾說紛云，搞得我好亂啊！

當你因爲各種管道（朋友介紹、交友app、參加活動或聯誼）認識新對象、開始互動後，若還算聊得來卻又無法突破到下一階段，你很可能想問：「瑪那熊，這下應該要靠告白打破僵局了吧？」

修但幾類！告白可以是引領你脫單的**關鍵**，也可以是玩掉一手好牌的重大失誤。

要避免這種窘境，得先瞭解人生，啊不，是情場中的四大錯覺。

☕ 錯覺一：告白是逆轉勝的大絕招

「對方已讀不回怎麼辦？」

「她愈來愈冷淡怎麼辦？」

「好像有別的男生也在追她怎麼辦？」

「氣氛愈來愈尷尬怎麼辦？」

啊，對了，這個時候只要告白就行了！有任何感情問題無法解決，用告白就對了！告白一次沒效，那就告白兩次吧！

這聽起來很莫名其妙，但事實上會這麼想的男生還真有夠多（包括好多好多年前的我）。

電影這樣演、偶像劇這樣演，連淳平拉個單槓告白，都可以跟校花西野交往。好告白，不做嗎？

但事實就是，告白完、全、無、法、增、加、好、感！

當女性對一個男生沒好感（準確來說是好感不足）時，不管你的告白多麼浪漫，都不會突然讓對方愛上你。

正確解法

整理成一句話來說，應該是要先聊得來，再製造曖昧，最後才是告白。

如果你們根本聊不來，或剛認識還在朋友階段，**你該做的是持續互動，讓聊天的頻率增加、話題愈來愈深入。**當互動品質提升後，接續是製造曖昧，而非搶著告白。

先讓你們之間愈來愈像情侶才是你該努力的方向，而不是整天想獲得男朋友稱號。

在聊得來根基上製造曖昧，讓實際互動有更多激情與肢體接觸，絕對比急著求名分更重要。

告白是關係後段才要考慮的事情，若你們根本還不熟，先

告白不是反攻的號角，而是勝利時的慶祝煙火。
等兩個人的行為舉止跟情侶差不多時，
告白自然水到渠成，還能增加雙方對這段感情的安全感。
自爆式的告白只會讓雙方鬧僵，斷絕你所有逆轉的可能性！

把你那堆告白idea收起來吧！

☕ 錯覺二：她好像對我也有好感，趕快告白

若我們戀愛經驗較少，容易因為「判斷好感線索」比較生疏而導致誤判。常見的狀況有：

「她對我笑了耶，該不會對我有意思吧？」（對方是禮貌性微笑）

「她傳了一個愛心貼圖耶，這下一定有戲！」（對方只是隨便傳貼圖想結束對話）

「她問我想喝什麼耶，我最近根本桃花爆發期吧？」（對方是問所有同事要喝什麼）

當我們蒐集訊號但解讀錯誤，將對方無心行為看成好感線索，就會高估了雙方的關係，加上怕錯過機會，於是急著告白，換來的下場當然是……（不忍心看了）

另一個狀況是，有些男性因為生活圈＆人際圈太小，身邊能接觸到的女性實在太少，在缺乏可發展對象的情況下，只要某個同事或朋友比較nice跟他多聊個幾句，就會拼命想抓住這根浮木，過度解讀成：

「跟對方有話聊」＝「我有機會」＝「趕快衝一波告白」

結果當然就是慘遭打槍，搞得關係很尷尬。

正確解法

絕對不要認為聊得來就代表女性有好感、急著告白。

你應該要找尋多條線索，認真判讀你們之間的關係。像是聊天話題深度、約會互動情況、肢體接觸等都是評估線索；**也可以利用本節最後附上的關係熱度評分表，幫助你客觀判讀狀況。**

當然，要避免因為對象太少而暴衝告白的窘境，最好的方式就是多去認識潛在對象，增加自己跟女性的互動經驗！

錯覺三：告白是用來了斷的工具

我遇過不少諮詢者告白失敗，未必是誤判關係。相反地，他們對於關係的判讀非常精確：女性對他根本零好感，告白有99％機率會自爆。

但他們仍然告白，關係果然爆炸，雙方變得尷尬或從此沒聯絡。

「欸瑪那熊不對啊，明知道對方沒有好感，那他們為什麼要做這種事？」

「不管了，我要做個了斷、逼自己放棄。」是這群男性的觀點。

這聽起來很合理對吧？讓對方打槍我，這樣我就可以死心了。但各位夥伴，一個成熟男性所需具備的特質之一，就是**「為自己下決定」**。

想要斬斷關係、停止付出、避免藕斷絲連、重新再出發，這是我們自己的功課。將這段關係會如何的決定權交給對方，是非常可惜的行為，因為你錯過了為自己下決定、邁向更成熟男性的機會，且容易帶給對方壓力。

但情況不對，我們要學習的是自己主動離開，而非還要靠女性打槍、讓自己不得已才轉身。

評估關係不適合告白、果斷放棄或暫時離開，反而給人不糾纏、知進退的好印象。要走，也要走得瀟灑。根本聊不起來、對方已讀不回、愛理不理，你還硬要告白，極高機率會把關係弄糟，這對我們來說相當吃虧。

畢竟即使對方目前好感不足，但讓彼此關係在對你保有正面印象的狀態暫時結束，等於還保有了未來逆轉勝的機會。

正確解法

當對方已經展現出零好感甚至負面觀感時，我們可以逐步減少互動頻率，把焦點重新移回自己：擴展生活&人際圈、

提升個人魅力、磨練聊天技巧、認識其他對象等。

雖然不保證未來能重新吸引到她（要看目前是單純好感不足，還是累積過多負面印象），但主動冷卻絕對比自爆式告白更有意義！

☕ 錯覺四：用告白來判斷對方有無好感

我的諮詢經驗裡，也有些男生因為不確定自己有沒有機會，於是用告白的結果，來判斷對方有無好感。

這同樣是非常NG的行為，**代表你對關係的敏感度不足，無法從互動線索來推測好感值。**

在這種情況下，自爆的機率也是很高，讓關係受到嚴重破壞。你該做的，是提升自己判讀關係的能力，而非每次都用這種最極端、一翻兩瞪眼的賭博方式來猜關係。

正確解法

有鑑於太多人告白被打槍，網路上出現另一種極端說法：

「絕對絕對不要告白。」

「打死不能告白。」

「告白就完了。」

結果害另一群人明明有機會卻堅持不告白，眼睜睜看女方跑掉。

這種慘劇我也曾在諮詢者身上聽過不少，實在非常可惜。搞得我都懷疑「絕對不要告白」是不是那些曾經亂告白被打槍的人，故意放出來害別人的講法（我無法脫單，你們也別想脫單？）

其實，告白是不重要但必要的事情。

告白為什麼不重要？因為告白是關係出現大量曖昧線索、雙方互動很像情侶時才需要做的事情。

在走到這步之前，你根本不用去想告白這件事，它一點也不重要。

你該做的是讓雙方聊得來、聊得深，並想辦法製造曖昧（打鬧、肢體接觸、甜言蜜語等），然後觀察對方的回應，找線索來評估關係熱度，等兩個人的行為舉止跟情侶差不多時，告白只是水到渠成而已。

那為什麼告白又有必要？因為曖昧期不可能無限持續，當關係熱度超過一定程度，你卻不給予承諾、把關係講清楚，很容易被貼上各種負面標籤：玩咖、油、把我當備胎、多線發展、渣男、噁男、愛情騙子、你的良心到底在哪裡。

曖昧太久產生負面標籤，從心理學來看就是安全感作祟。

缺乏安全感的愛情無法持久，是近年心理學的主流看法。曖昧操弄過頭很容易讓對方跑掉，即使交往也容易整天擔心東懷疑西。這也導致某些PUA學派很會撩妹，卻不懂經營、無法留住對方，所以只能來得快也去得快、不斷換對象。

　　對情場浪子來說可能沒差，他們會持續去找下一個獵物，但若你想找的是長期、穩定的關係，卻因此錯過原本適合的對象，那可就虧大了。

　　告白是讓有意願成為情侶的兩個人，確定成為情侶，帶著劃清界線與給予承諾的味道。

　　如上所述，人們其實沒那麼喜歡在模糊不清的情境持續太久，關係的不確定，會讓我們缺乏安全感、擔心對方離去，好感對象的消失，對大腦來說是個危險訊號！

　　請記住：告白不是反攻的號角，而是勝利時的慶祝煙火。

　　當我們遇到心儀對象時，初期重心放在透過互動增加熟悉、信任感並展現自己優勢；中期聊得來後，則是製造曖昧並觀察對方反應，適度加溫或刻意冷卻；後期雙方互動都跟情侶沒兩樣時，就進行告白給予安全感、開始交往。

　　相反地，關係剛開始、好感或曖昧不足，記得忍住告白的衝動，若已經接收到太多拒絕線索，與其自爆斷關係，不妨果斷主動保持距離，留個好印象，未來或許還有逆轉機會！

（是的，告白不會幫你逆轉！）

必看：告白時機評估表

　　雖然告白只是交往前的最後一步，但如果你做了些蠢事、踩對方地雷，還是可能會讓戰局逆轉。

　　例如女性個性低調、認為感情是兩人的事，你卻找一堆親友團助陣，當下氣氛想必很僵；又例如對方討厭流汗，你晴天安排一堆戶外行程後告白，她心裡必定暗罵WTF。

　　因此，平常互動就要觀察、瞭解對方的習慣與喜好，為告白超前部署；如果不知道對方地雷或特殊喜好怎麼辦？這就代表時機還沒到，你跟對方不夠親近，再多相處一下，千萬別腦衝啊！

　　也別以為只有嘴巴說出我喜歡你、問對方要不要交往才叫告白。

　　接吻與擁抱、手工的生日卡片，甚至對望後緩慢說出幾個字都是一種告白，只要與對方合拍，自然會成功走完最後一里路！

關係熱度評分表

互動狀況（初階）	符合打勾 （每題一分）
很常網聊，大概每一兩天就會互動，有來有往	
對方會主動分享自己生活	
當你分享自己的事情時，對方會積極提問	
對方也會主動詢問關於你的事情	
聊天時會互開玩笑，甚至幫彼此取綽號	

互動狀況（進階）	符合打勾 （每題兩分）
有當面約會，你要約到對方不困難	
約會時會分食物吃，或是兩人共吃一份	
雙方互動時身體靠近，甚至若有似無碰在一起	
對方有時會主動碰觸你，例如拍肩膀、拉手臂	
對方會跟你聊心事，展現出負面情緒或脆弱	

請將兩部分的分數加總，並對照以下分析：

5分以下	你跟對方還在「聊得來的朋友」階段，尤其若進階題（第二部分）完全沒得分，那目前在對方心中的定位，很高機率只是朋友。此時若告白等於直接攤開底牌，不但成功機率低，還可能讓對方感到壓力，刻意疏遠。
6～9分	你跟對方處於俗稱「友達以上戀人未滿」狀態，在對方心中是個「特別的朋友」或「有好感的對象」。你們互動時偶爾會有曖昧的氛圍，聊的話題也不是只有「今天吃什麼」「週末去哪裡」而已，而是已經愈聊愈深。 到這階段其實已經離脫單不遠了，但也因為如此，很多人會太著急，像是怕對方跑掉一樣，開始緊迫盯人或急著告白，結果造成反效果。
10分以上	你跟對方互動已經很像情侶了，只差「名分」，雙方的曖昧氛圍已經足夠，這階段進行告白的勝率很高。此時通常對方會做球讓你約、主動找你一起出門，或是也想參與你的生活與人際圈。互動時除了不排斥曖昧舉動，甚至還會自己靠近你。已經達到這階段，若約會時有頻繁的肢體接觸、氣氛浪漫，就勇敢試著告白吧！

加碼補充：
我該吞下紅藥丸嗎？

在撰寫這本書的過程，把妹圈（a.k.a.愛情教育產業、愛情產業鏈）瘋狂流行「紅藥丸」，在把妹教練與追隨者的推波助瀾下，成爲爆紅話題，或許你也聽過，且略懂一二。

被稱爲紅藥丸教父的Rollo Tomassi當初在其著作《*The Rational Male*》中闡述不少觀念，引發許多討論，並讓紅藥丸流傳開來。

一個觀點，往往有不同解釋。台灣流傳的紅藥丸，或多或少加入了各個教練與信徒的主觀詮釋，用「泛紅藥丸」來稱呼比較合適（但爲了簡便，以下簡稱爲「紅藥丸」）。

紅藥丸的兩大重點

☺ **重點一**：絕對不要對女人跪舔、討好、犧牲奉獻，這是無效甚至反效果的。

☺ **重點二**：女人天性慕強，要吸引或讓她們離不開你，就是成為強者。因此永遠將焦點放在提升自己，特別是兩性市場價值，包括財力、社會地位、外貌、個性。

第一點是我非常認同的看法，也強烈建議各位牢記心中，但其實這並非紅藥丸原創，至少我十年來寫文、演講都會提類似觀點，也在不同的書上看過。

第二點我認同一半，在《一開口撩人又聊心》以及本書裡，我同樣不斷強調要將自己當成主角，提升個人魅力才是最根本的脫單之道。

讓自己更好絕對優於我要趕快脫單，但兩者並不衝突。

不太認同的部分，是因有些較偏激的紅藥丸信徒，會將強者簡化成Alpha男，這定義實在過於僵化。

我在第一章已經詳細分析了Alpha與Beta的意義、對脫單的影響以及你該怎麼選擇，不妨重新複習一下。

而女人天性慕強這個說法，我到現在仍未看到足以佐證的研究。畢竟我受過專業的心理學訓練（怎麼有種倪匡小說

的氛圍），遠古時期、天生如此、刻在基因上、我曾聽過見過、某個朋友發生過……這類說法實在無法說服我啊！

反倒是有跨國學術研究指出：「**兩性愈平權的國家，人們的擇偶方式愈不照傳統演化觀點走**」。

若我想發展長期關係，紅藥丸適用嗎？

紅藥丸有些觀點不錯，但有些觀點經由過度渲染，容易讓接觸者變得偏激，或落入二元化思考的陷阱，甚至成爲仇視女性的「黑藥丸」，整天在網路罵「台女救世劍」。

在紅藥丸逐漸流行後，我也收到不少學員或讀者，問我的看法。其中最多人關切的是，「自己到底該不該吞下紅藥丸？」

嗯，好問題。某些紅藥丸信徒認爲，此學說與過去PUA的差異有二：一是PUA重視吸引（簡單說就是把妹），而紅藥丸重視自我提升；另一個差異，就是PUA無法處理吸引之後，也就是交往後的事情。

跟女友吵架、觀念不和、關係出狀況等等，PUA不著墨這些；或是引用鄉民的說法：「任何感情的問題我都建議分

手。」但紅藥丸不但幫你吸引妹子，還能有效經營好關係，等於是PUA的超進化版本⋯⋯真的如此嗎？

的確，紅藥丸提出了如何經營長期關係的策略，例如維持框架、持續提升、不讓女人干涉你的生活、避免展現脆弱、不能被歸零（Zeroed Out，簡單說就是人財兩失）等。

部份內容我贊同，尤其不能交往或結婚後各位就擺爛啊！還是要維持你的魅力。但我也發現這套策略在關係經營上有個大盲點，**那就是忽略、甚至貶低了安全感的功能。**

究其原因，部分紅藥丸信徒將關係經營這檔大事簡化成：「要讓女人離不開你，就是持續成為強者，引發她的欲望&慕強天性。」

在這樣的假設下，就連溝通也顯得不重要，女人妳要嘛順從，要嘛離開，咱男性的框架不容侵犯。他們將「溝通」這件事與退讓、妥協、失去框架、成為弱者、Beta、舔狗牽扯在一起，而這是非常危險的連結。

紅藥丸與近代心理學在關係經營策略有非常大的差異，究其原因是雙方對愛情本質的看法，幾乎是站在兩個端點。

心理學解析：解藥還是毒藥？

☕ 紅藥丸眼中的愛情：生物本能驅使

紅藥丸觀點來看愛情，主要從生物學角度切入。例如認為「女性基因上就被刻著找尋強者的天性，因此擇偶時會慕強。」

有些紅藥丸信徒理想的愛情，是由男性主導，女人應該跟隨、順從甚至討好，如此一來男性就會對她好，提供資源與照顧（在不影響男性自己事業或生活的前提下進行）。

若對方干涉或影響他的人生目標、生活型態時，對紅藥丸來說，比起同理、溝通、協調，堅持個人原則更加重要，所以衝突產生時與其花費心力溝通，乾脆讓對方自願離開，反正強者不怕沒其他女性靠上來。

☕ 近代心理學看愛情：結合本能與心理需求

近代愛情心理學主流是依戀理論，並發展出EFT（情緒焦點治療），成為十多年來最熱門的關係經營、伴侶諮商學派，且有豐富的實證研究作為後盾，證明療效。那麼，他們如何看待愛情呢？簡單來說就是：

起於生理

嬰兒需要接近別人以求存活，因此人類天生具有接近他人的生物本能，不然會無法存活。畢竟你沒看過自己泡奶粉、換尿布的嬰兒吧？

轉而心理

雖然一開始嬰兒接近別人（或吸引別人接近）是為了照顧他、幫他存活，但很快這種行為不只是為了滿足生理，還包括安全感。

也就是說，嬰兒要的不只是吃飽喝飽，**還有著情感連結的需求**。

當人類逐漸長大後，心理避風港會擴大或轉移到同儕朋友、知己閨蜜，但多數人最主要的避風港，是交往對象（伴侶或夫妻）。

合於並存

愛情對於成熟的個體而言，具有相互陪伴、照顧、支持，**滿足生理需求**，也提升心理強度，更有力量面對人生挑戰與挫折的功能，這也是我們追尋愛情的最終目的與起始原因。

因此，健康男性交女友不單純是為了打炮、帶出門炫耀

之類的表淺理由，絕大多數女人找伴侶，也不會只看錢多不多、性能力、大肌肌（別看錯）、或對方是不是爆幹man的風雲人物、群體領袖，還得加上相處起來是否適合，或更精確說，**是對方能否與我有心理連結。**

這也呼應我之前說過，Alpha與Beta特質全都擁有且能彈性切換的男性，才是具有最高吸引力的真強者。

這項差異會連帶影響我們如何看待愛情中的互動，為方便說明，我用用異世界題材來比喻。

☕ 紅藥丸世界觀的情侶：角色固定

我是勇者我來扛，妳在後面聽我號令幫補血或buff就好。

一日勇者終身勇者，只要我不夠厲害或展現一絲脆弱，她就會離開並加入其他勇者的隊伍（NTR），還可能把裝備帶走，害我人財兩失（被歸零）。

☕ 依戀理論＆EFT世界觀的情侶：角色輪替

我倆都是勇者，有時我扛前線妳輔助，有時妳衝前排我補血。我們允許彼此有狀態不好的時候，這時就靠另一隊友cover，不用總是我來carry全場。

更精簡來說，紅藥丸的愛情觀是「主導與順從」，近代心

理學的愛情觀是「合作與連結」。

這些差異會造成什麼影響呢？依照我實務經驗與理解，紅藥丸的關係經營本質是避免男性受傷，但同時卻帶來副作用：難讓愛情穩定長期發展。

因爲它用來處理摩擦或衝突的方式，就是Let her go，並讓男性相信只要我夠強，少了這個女伴沒關係，還會有下一個。簡單來說，以降低伴侶重要性的方式，減少我們的依戀與依賴。

這樣做即使關係炸掉，受的傷也比較小。然而弔詭之處在於，這套模式卻很容易讓關係炸掉而不自知，這時紅藥丸又會告訴你，女性離開你是因爲你不夠強、不夠Alpha或展現了脆弱（有趣的是，從心理學及我的實務經驗來看，適度展現脆弱，其實有助於感情更緊密）。

在接觸這麼多情侶或夫妻後，我可以告訴在座各位，一段關係會炸掉，絕非單純如紅藥丸所說的性吸引力不足。

別誤會，性吸引力缺失當然不行，交往或結婚後擺爛耍廢，魅力持續下探，對方當然容易對你沒感覺，平淡度日事小，更嚴重就是幫你戴頂綠色帽子。

然而**性吸引力只是關係中的甜點，重要但不是全部，主菜才是影響大局的關鍵。**（小當家因爲李嚴沒做醬汁就狂尻洗人家，實在沒品。）

讓關係穩定熱絡的主菜，就是安全感。注意，**安全感不是安逸感，一成不變、毫無驚喜、缺乏激情的愛情絕不安全，那只是你在擺爛。**（請支援我就爛眼圖）

至於愛情的安全感是什麼？就是滿足彼此的依戀需求：**接觸內心、獲得回應、確認投入。**（這要細講可以幾萬字，留待下本書吧）。

下個結論，紅藥丸在自我提升、設定界線的部份觀點有其道理（雖然這不是紅藥丸獨創），但在經營長期關係這塊，我只能說這並非它的專長，甚至造成反效果。

換句話說，紅藥丸或許是自我提升與關係吸引的解藥，但同時也很可能是關係經營與維繫感情的毒藥。

各位服用時務必謹慎。不論學習什麼知識或理論，本來就不該照單全收、盲目崇拜啊！

脫單？脫魯？我們全都要！

　　從好人為何難脫單、哪些武器對脫單有效果，到各種認識約會對象的方法、約會的前置作業、當下策略，以及幾個單身者最容易卡關的問題，相信閱讀完本書的你，已經躍躍欲試了吧？

　　愛情是個很棒的東西，不只是生理上的纏綿依偎、感受彼此體溫、享受性的美好，還讓你擁有心靈上的避風港，有個相互陪伴、支持、鼓勵、連結的對象。

　　既然價值滿滿，自然值得我們努力去爭取，但有趣的是，若你滿腦子想著我要脫單、我要認識妹子，反而容易綁手綁腳、莫名給雙方壓力。

　　很多鄉民將「脫單」與「脫魯」畫上等號，覺得只要交到女友，就從魯蛇群中畢業，邁向人生勝利組。這導致很多人整天想著如何終結單身，急著推進、尬聊、亂衝告白，結果當然就是被打槍。

　　幾個循環下來，要嘛對自己失去信心、放棄治療，要嘛開始躲在網路上攻擊女性，整天喊人家台女、老阿姨。

不少男性以為自己單身，是因為環境沒有女性。例如從小念理工科、職場封閉年輕妹子極少，但殘酷的事實是，**他們單身主因在於不懂如何讓女性產生興趣。**

換句話說，男人成為魯蛇並非「缺乏女友」，而是「缺乏吸引女性的武器」，也就是本書第一章所提軟、硬實力，以及互動、曖昧技巧。

請永遠記得在你人生中，自己才是主角：經營並豐富生活，提升軟、硬實力來脫魯，是你最該關注的目標。

當你不再總將「脫單」擺在首位時，反而不知不覺在脫單的路上愈走愈順。請務必翻轉原本觀念，**不是脫單就叫脫魯，而是脫魯的人自然就能脫單！**

當然，脫單、脫魯並沒有絕對的「順序」，現實跟打game不同，並不是一定得練到某個等級，才能踏入情場求通關。

脫魯過程中若遇上不錯的對象，自然可以把握機會進攻；反過來說，即使成功脫單，仍要持續提昇自己，而非擺爛耍廢、又墮入魯蛇之道。

利用我的前作《一開口撩人又聊心》，再加上這本書雙管齊下，我有自信可以幫你打開情場迷霧，並學到如何吸引對方、順利約會且拉近關係。

若你還需要更多資源或建議，歡迎加入我的進階訂閱課程（詳見封面折口），除了學到更多曖昧技巧，還能線上提問你所遇到的疑難雜症，以及網聊診斷與個別諮詢（業配一下自己）。

　祝福你脫單順利，願魅力與你同在。

國家圖書館出版品預行編目資料

一出手脫單又脫魯：從撩妹、見面到正式交往，必備六大武器×五大管道
／瑪那熊 作.-- 初版.-- 臺北市：如何出版社有限公司，2021.03
272 面；14.8×20.8 公分.--（Happy learning；192）
ISBN 978-986-136-572-5（平裝）

1.戀愛 2.兩性關係 3.男性

544.37   110000300

Eurasian Publishing Group
圓神出版事業機構
用心同你對話‧願好無限寬廣

如何出版社
Solutions Publishing

www.booklife.com.tw   reader@mail.eurasian.com.tw

Happy Learning 192

一出手脫單又脫魯
從撩妹、見面到正式交往，必備六大武器×五大管道

作　　者／瑪那熊
插　　畫／工作日誌
發 行 人／簡志忠
出 版 者／如何出版社有限公司
地　　址／台北市南京東路四段50號6樓之1
電　　話／（02）2579-6600‧2579-8800‧2570-3939
傳　　真／（02）2579-0338‧2577-3220‧2570-3636
總 編 輯／陳秋月
主　　編／柳怡如
專案企劃／沈蕙婷
責任編輯／丁予涵
校　　對／丁予涵‧柳怡如
美術編輯／金益健
行銷企畫／陳禹伶‧鄭曉薇
印務統籌／劉鳳剛‧高榮祥
監　　印／高榮祥
排　　版／陳采淇
經 銷 商／叩應股份有限公司
郵撥帳號／18707239
法律顧問／圓神出版事業機構法律顧問　蕭雄淋律師
印　　刷／祥峰印刷廠

2021年3月　初版
2023年3月　3 刷

定價 320 元   ISBN 978-986-136-572-5